Friedericke Winckler

Kochbuch für Zuckerkranke und Fettleibige

unter Anwendung von Aleuronat-Mehl und Pepton

Friedericke Winckler

Kochbuch für Zuckerkranke und Fettleibige
unter Anwendung von Aleuronat-Mehl und Pepton

ISBN/EAN: 9783742896353

Hergestellt in Europa, USA, Kanada, Australien, Japan

Cover: Foto ©Lupo / pixelio.de

Manufactured and distributed by brebook publishing software
(www.brebook.com)

Friedericke Winckler

Kochbuch für Zuckerkranke und Fettleibige

Kochbuch

für

Zuckerkranke und Fettleibige,

unter Anwendung

von

Aleuronat-Mehl und Pepton

von

F. W.

Verfasserin der „365 Speisezettel für Zuckerkranke
und Fettleibige".

Dritte vermehrte und verbesserte Auflage.

Wiesbaden.

Verlag von J. F. Bergmann
1899.

Vorwort

zur ersten Auflage.

Die Verfasserin der „365 Speisezettel für Zuckerkranke und Fettleibige", welche im Verlag von J. F. Bergmann in Wiesbaden erschienen sind, hat auf den Wunsch ärztlicher Autoritäten ein Kochbuch folgen lassen, das die Rezepte derjenigen Gerichte enthält, die in obengenannten „Speisezetteln" vorkommen, unter Hinzufügen von noch vielen andern, den Diabetikern und Fettleibigen erlaubten Speisen.

Dieses Kochbuch soll nur ein Leitfaden sein, nach dem jede geschickte Köchin unter Zuhilfenahme der Speisezettel und der Kochrezepte die Abwechslung für obenerwähnte Kranke noch reichhaltiger gestalten kann. Doch muß in jedem einzelnen Falle sowohl der Rat des behandelnden Arztes gehört werden, als auch der Geschmack des Patienten und dessen Verhältnisse dabei Berücksichtigung finden; für letzteren Fall ist durch teure und billige Gerichte Rechnung getragen.

Es wird in diesem Buche auch von den in allgemeinen Kochbüchern üblichen und notwendigen Erläuterungen abgesehen, da hier nur die Anwendung des Aleuronat-Mehles und Peptons behandelt werden soll, was einen wesentlichen Bestandteil in der Ernährung der Zuckerkranken und Fettleibigen bildet.

(Siehe: Ueber die Lebensweise der Zuckerkranken von Prof. Dr. Wilhelm Ebstein, Göttingen, Zweite Auflage. Verlag von J. F. Bergmann, Wiesbaden, 1898.)

F. W.

Vorwort
zur zweiten Auflage.

Wohl stand zu erwarten, daß das „Kochbuch für Zuckerkranke und Fettleibige" als dringend notwendige Ergänzung der bereits in zweiter Auflage erschienenen „365 Speisezettel für Zuckerkranke und Fettleibige", Verlag von J. F. Bergmann, Wiesbaden, nicht mit einer Auflage ausreichen werde und findet somit die Verfasserin ihren Wunsch erfüllt, den sie bei Bearbeitung dieses Ratgebers für Leidende und deren Pflegerinnen hegte, nämlich, denselben nach Möglichkeit nützlich zu sein.

Diesen Zweck zu erreichen, bedurfte es vorzüglich einer sorgfältigen Prüfung aller auf dem Gebiete der Ernährung ärztlich erlaubter Genußmittel für obige Leidende und wird der Wunsch und das Bestreben der Verfasserin hinlänglich realisiert sein, wenn auch diese Auflage, gleich der vorhergegangenen, sowohl in ärztlichen Kreisen als bei Kranken Beifall findet und Nutzen bringt.

Die Verfasserin.

Vorwort

zur dritten Auflage.

Zum dritten Male beginnt das vorliegende Buch seinen Weg in die Oeffentlichkeit und begleitet es wiederholt der Wunsch der Verfasserin, es möge dasselbe die gleiche Anerkennung in ärztlichen Kreisen finden wie die vorhergehenden beiden Auflagen.

Das beste Begleitschreiben bilden wohl die Worte des berühmten, ehemaligen Karlsbader Arztes Professor von Seegen, der der Verfasserin über die zweite Auflage ihrer beiden Werkchen: „365 Speisezettel für Zuckerkranke und Fettleibige" und „Kochbuch für Zuckerkranke und Fettleibige" schrieb:

„Ihre im eminentesten Sinne für den Haushalt der Diabetiker so wertvollen Handbücher bilden die treuesten Charaktere dessen, was wir nur summarisch durch Theorie und Praxis geleitet, feststellen konnten."

Kranken und Pflegerinnen die besten Resultate durch das Buch wünscht

Die Verfasserin.

Inhalts=Verzeichnis.

IV. Fleischspeisen.

VI. Warme und kalte Gemüse, Eingesottenes und Dörrvorräte.

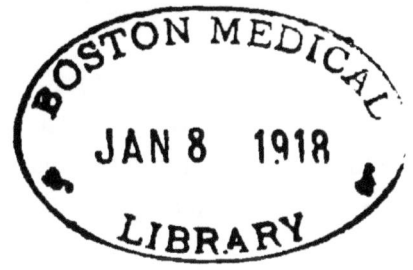
Einleitende Bemerkungen.

Ueber Aleuronat-Mehl- und Pepton.

Preise: 4½ kg gemahlenes Aleuronat . 7 Mk.
    4½ „ feingestäubtes   „   . 11 „
    1 Dose   „   „   „   . 1 „
    200 gr Aleuronat-Pepton   . .   2 „

Da man zum Backen des täglichen Brotes und zur Herstellung der Mehlspeisen nie reines Aleuronat verwendet (siehe Backvorschriften des Geh. Medizinalrates Herrn Prof. Dr. W. Ebstein in der „Deutschen Medizinischen Wochenschrift" 1893, Nr. 18), so ist es gut, wenn man sich eine Aleuronatmischung in Vorrat bereitet. Zu diesem Zwecke mische man Aleuronat mit gleichem Quantum Weizenmehl mittels einer Holzkelle solange, bis man letzteres von ersterem nicht mehr durch die Farbe unterscheiden kann; alsdann bewahre man es in einem Leinensäckchen an trockenem Orte auf. Ebenso bereitet man eine Mischung Roggenmehl und Aleuronat zur Herstellung von Schwarzbrot Nr. 1 und 2, siehe Mehlspeisen und Bäckereien dieses Buches. Es ist äußerst angenehm und praktisch, beim Verbrauch von dem Vorrat verwenden zu können, ohne das zeitraubende Abwägen und Mischen der beiden Mehlgattungen.

Feingestäubtes Aleuronat kann ohne Mischung angewendet werden und es ist besonders zur Bereitung feiner Saucen, Suppen 2c. 2c. geeignet und äußerst schmackhaft.

Bei Zubereitung von braunen Saucen achte man darauf, daß die Aleuronatmischung nicht zu dunkel im Fett gebräunt wird und soll man für den Gebrauch in der Küche immer in einer Blechbüchse die Mischung zur Hand haben.

Als neuesten Zusatz zum Aleuronat hat mir Herr Dr. Hundhausen, der Erfinder des Aleuronat, glycerophosphorsauren Kalk zur Probe gesandt und ist es wohl am besten, seine eigenen Worte behufs Anwendung hier wiederzugeben:

„Glycerophosphorsaurer Kalk ist in Wasser zu lösen und dann diese Lösung dem Teig zuzusetzen. Die Dosierung soll ca. $1/2$ gr pro Tag betragen und zwar so, daß auf einmal nicht mehr wie $1/4$ gr eingenommen wird. Der Zusatz zum Brote würde also so zu wählen sein, daß man ihm im teilweisen, b. h. allmählichen Consum jene Mengen entnimmt. Würde also Jemand im Tag 1 ℔ Brot essen, so soll dieses Pfund nicht mehr als $1/2$ gr Glycerophosphor ent=

halten; ißt er aber $\frac{1}{2}$ ℔ Brot im Tage, so kann im Pfund die doppelte Menge (also 1 gr) enthalten sein. — Ich finde, daß der Zusatz wohlthätig ist."

Nach den von mir sorgfältig angestellten Proben habe ich bei Zubereitung der Brötchen, Rezepte Nr. 1, 2, 3 und 4 (siehe Bäckereien,) folgendes beobachtet: Man erzielt jedes Mal acht Brötchen, zusammen im Gewichte von 500 gr, welche vom Patienten zu je drei Mahlzeiten in ca. zwei Tagen verzehrt werden. Dr. Hundhausens Vorschrift entsprechend, gibt man dem Teig somit 1 gr = 1 abgestrichenen Theelöffel voll glycerophosphorsauren Kalk, in Wasser gelöst bei. Das Brot ist wohlschmeckend und widersteht dem Kranken nicht, doch ist auch hier, wie immer, der betr. behandelnde Arzt um seine Ansicht zu befragen.

Mit Aleuronat-Pepton, über das der Geh. Medizinalrat, Herr Prof. Dr. W. Ebstein in einem Artikel der „Zeitschrift für ärztliche Landpraxis" 1895 Nr. 1, empfehlend spricht, habe ich viele Proben gemacht und dasselbe bei Zubereitung der Speisen für einen Diabetiker auf verschiedene Art angewendet. Es kann als Extrakt zur Würzung und als Stärkungsmittel in allen Getränken bestens empfohlen werden. Die rasche Löslichkeit desselben ermöglicht es, auch auf Reisen und während des Landaufenthaltes die Speisen durch Zusatz von diesem Pepton den Patienten zuträglicher zu machen.

Um in den Kochrezepten fortwährende Wieder=

— 4 —

holungen zu vermeiden, wird hier im allgemeinen auf die Anwendung des Aleuronat-Peptons hingewiesen:

Auf 1 Tasse Bouillon rechnet man 1 Theelöffel voll Pepton, das mit 1 Eidotter abgequirlt wird. Das gleiche Verhältniß gilt von Milch, Thee und Kakao.

Zur Zubereitung von Gemüsen, Saucen, Braten ꝛc. löse man à Person 1 Theelöffel voll Pepton in etwas Suppe oder Wasser auf und verwende es ½ Stunde vor Genuß der Speise.

Würzen der Speisen.

Bezüglich Würzens der Speisen ist zu bemerken, daß bei den Diabetikern dasselbe mit Vorsicht vorgenommen und nicht in zu hohem Grade angewendet werden darf; besonders gilt dies vom Pfeffer. Wenn also auch in den vorliegenden Kochrezepten Salz, Pfeffer ꝛc. ꝛc. vorgeschrieben werden, so dürfen solche Gewürze nur mäßig den Speisen beigegeben werden. (Siehe: „Lebensweise der Zuckerkranken von Prof. Dr. W. Ebstein, zweite Auflage, Seite 85," Verlag von J. F. Bergmann, Wiesbaden.)

Backpulver.

Das in den Back- und Mehlspeisenvorschriften, sowie bei einigen Suppeneinlagen und Fleischspeisen angewandte Backpulver ist ganz vorzüglich und gesundheitlich vollkommen unschädlich. Ich habe zwei Sorten gleich gut befunden und verwende ich sowohl

das Backpulver von Herrn Dr. W. Keim, Adler-
apotheke in Oestrich, Rheingau, als auch jenes von
Herrn Dr. A. Oetker, Bielefeld. Von beiden
Firmen kann man direkt zu billigsten Preisen be-
ziehen; auch sind beinahe in allen größeren Geschäften
Verkaufsstellen errichtet.

Saccharin.

Die Firma Fahlberg, List u. Co. in
Salbke-Westerhüsen a. b. Elbe versendet
dieses den Diabetikern und Fettleibigen erlaubte und
zuträgliche Ersatzmittel für Zucker in vorzüglicher
Qualität zu nachstehenden außerordentlich billigen
Preisen; es ist in allen Apotheken und Droguerieen
vorrätig.

Der Inhalt eines Glases von $1/_{12}$ kg à 2,— Mk.
beträgt 1000 Tabletten. Um genaue Angaben der
Anwendung von Saccharin in meinen Rezepten geben
zu können, wende ich fast immer Tabletten an. Neuer-
dings gibt die Firma eigene Tropfgläser zu dem
leichtlöslichen Saccharin in Briefchen von $2^1/_4$ gr
à 40 Pfg. ab und ist dieses zum Gebrauch in der
Küche und zu Getränken sehr zu empfehlen.

Rademann's Nährmittel für Zuckerkranke.

Diese nunmehr weltberühmten Präparate möchte
ich ebenfalls empfehlend erwähnen, um so mehr, als
sich mir Gelegenheit bot, mich von deren Schmack-
haftigkeit zu überzeugen. Prof. v. Noorden in

Frankfurt a. M. schreibt Seite 146 seines Werkes: „Die Zuckerkrankheit und ihre Behandlung": „Ein besonderer Vorteil ist, daß diese Präparate trotz ihres hohen Fettgehaltes an Wohlgeschmack gewinnen, wenn sie reichlich mit Butter bestrichen werden."

Es ist am zweckmäßigsten, sich von Rademann's Nährmittelfabrik in Bockenheim bei Frankfurt a./M. einen Prospekt senden zu lassen und den Patienten von den Präparaten als angenehme Abwechslung zu reichen.

Dörrgemüse.

Wenn man sich nicht die Mühe machen will, die den Diabetikern und Fettleibigen erlaubten Gemüse selbst zu dörren (siehe Vorschriften unter Dörrvorräte), so kann man dieselben von guten Firmen beziehen. Als solche ist mir jene von Paul Funke, Wolkenstein im sächs. Erzgebirge bekannt. Preislisten stehen von dort zu Diensten.

___

Schließlich möchte ich noch bemerken, daß alle Ingredienzen, die insbesondere zur Ernährung der Kranken verwendet werden, von tadelloser Güte und was Fett, Fleischwaren, Fische ꝛc. ꝛc. anbelangt, von bester Qualität und Frische sein müssen. Es bedarf überhaupt die Zubereitung von Krankenkost ganz besonderer Aufmerksamkeit; ebenso ist zierliches, gefälliges Anrichten oft imstande, die Eßlust eines Patienten zu reizen und zu fördern.

Die Verfasserin.

I.

Suppen.

1. Milchsuppe.

1 Eßlöffel voll Aleuronat-Mischung rührt man mit $^1/_2$ Ltr. kalter Milch glatt ab, gibt 2 Saccharin-tabletten und ein paar Citronenschalen dazu und läßt alles rasch aufkochen. Durch ein Haarsieb wird die Suppe beim Anrichten über 1—2 Eidotter frikassiert und mit geröstetem Aleuronatweisbrot angerichtet.

2. Krebssuppe.

4—6 Krebse gibt man in siedendes Wasser mit ein wenig Essig, Salz und etwas Petersilie und läßt sie 10—15 Minuten kochen, je nach der Größe der Krebse, löst dann das Fleisch der Scheeren und Schweifchen aus, entfernt aus letzteren den Darm und legt es einstweilen bis zum Gebrauch in eine kleine Casserole (Tiegel) mit etwas Fleischbrühe. Die Krebs-körper werden von der Galle gereinigt, mitsamt den Schalen und 1 gebackenen Ei fein gestoßen und in $^1/_{10}$ ℔ Butter nebst etwas Petersilie und 1 Zwiebel gut gedünstet, mit 1 Kaffeelöffel voll Aleuronat-Mischung gestaubt·und mit 1 Ltr. guter Suppe ab-gelöscht, welche man nun $1^1/_2$—2 Stunden kochen läßt. Ueber 2 schaumig gerührte Eidotter, das Krebs-fleisch und gebähten Aleuronat-Weißbrotschnitten gibt man die Suppe durch ein Haarsieb.

Man kann auch Krebsfleisch in klarer Bouillon, oder Bouillon mit Ei geben.

3. Fischsuppe.

Von gebratenen Fischresten richtet man zierliche, vollkommen entgrätete Stückchen in die Suppenterrine und stellt diese zugedeckt auf Dampf. In einem andern Gefäße quirlt man 2—3 Eidotter mit recht kräftiger Suppe ab, gießt sie über die Fischstückchen und reicht dazu in frischer Butter geröstete Aleuronat-Weißbrotscheiben.

4. Pilzsuppe.

Einen Suppenteller voll fein geschnittener, guter Pilze dünstet man in frischer Butter mit fein gewiegter Petersilie und 1 Prise Kümmel, 1 Eßlöffel voll Salz und 1 geschnittenen Zwiebel ½ Stunde lang, staubt 1 Kaffeelöffel voll Aleuronatmischung daran, gießt nach einigen Minuten gute Fleischbrühe nach und läßt das Ganze 1—1½ Stunden kochen. Kurz vor dem Anrichten verrührt man 1 ganzes Ei, läßt es unter beständigem Umrühren der Suppe langsam in dieselbe einlaufen und verdünnt sie genügend. Zu bemerken ist noch, daß bei Verwendung getrockneter Pilze dieselben vorher eine gute halbe Stunde abgekocht werden müssen; ebenso verwende man ungesalzene Bouillon, da die Pilze mit Salz gedünstet sind.

5. Weinsuppe.

Man läßt $1/2$ Ltr. von einer den Diabetikern erlaubten Weißweinsorte (siehe: „365 Speisezettel", Verlag von J. F. Bergmann, Wiesbaden) mit 2 bis 3 Citronenschalen und 3 Saccharintabletten $1/4$ St. lang kochen, rührt in einer Terrine 3 Eidotter mit 2 Eßlöffel voll süßer Sahne ab, quirlt den Wein durch ein Haarsieb daran und reicht Schnitten von Mandellaibchen dazu. (Siehe Bäckereien.)

6. Consommé.

An 2 Stück zerkleinerte Kalbsfüße, ein halbes altes Huhn, die nötigen Suppenkräuter, Salz und Pfeffer, gibt man 1 Tassenkopf voll Kalbsbratensauce, sowie soviel Wasser, daß es 2 Finger hoch über dem Fleische steht, welches Quantum man auch während des Kochens durch Nachgießen erhalten muß, und siedet das Ganze 2 Stunden lang.

In eine beliebige Form rein durchgeseiht und erkaltet, läßt sich dieses Consommé 8—10 Tage aufheben und verwendet man es, in kleine Stückchen geschnitten, in Bouillon oder zur Verzierung von kalten Fleischspeisen.

7. Jus oder braune Suppe.

In einem Tiegel läßt man $1/10$ ℔ frisches Nierenfett sehr heiß werden, gibt 1 ℔ zerkleinerte Markknochen dazu nebst je einem Stückchen Milz,

Herz und Leber, 2 Zwiebeln und ein paar Sellerie-
wurzeln, bratet dieß so lange bis es dunkelbraun ist
und gießt dann 2 Ltr. Fleischbrühe nach, die man
genügend salzt. In Ermangelung von solcher verwendet man Wasser mit 3 Kaffeelöffel voll Aleuronat-
Pepton.

In diese Jus kann man nach verschiedenen hier
beigegebenen Rezepten eine Einlage geben.

8. Kraftbrühe.

Man zerlege 1 altes Rebhuhn, brate es mit
einem Stück Butter, Salz und etwas Petersilie 1
Stunde lang, gieße alsdann 1 Ltr. kochendes Wasser
darauf und lasse es wohlzugedeckt 2 Stunden lang
kochen. Diese vortreffliche, für Kranke sehr zuträgliche Bouillon gibt man über Eidotter in Tassen
und reicht heiße Markschnitten dazu. (Siehe Fleischspeisen.)

Statt der Rebhühner kann man 1—2 Nuß-
häher, die in mancher Gegend billiger und leichter
erhältlich sind, zur Kraftbrühe verwenden, welche dann
noch feiner und kräftiger schmeckt; man läßt die Nuß-
häher nur $\frac{1}{2}$ St. braten und stößt sie vor dem
Kochen im Mörser zu Brei.

9. Klare Bouillon mit Ochsenmark.

Das frische, gewässerte Ochsenmark wird in kleine
Würfel geschnitten, in guter Suppe gar gekocht und
mit fein geschnittenem Schnittlauch bestreut.

10. Leberreißsuppe.

$^1/_5$ ℔ fein geschabte Rinds= oder Kalbsleber
wiegt man mit ein paar Citronenschalen, $^1/_2$ Zwiebel,
1 Zahn Knoblauch und etwas Petersilie so lange,
bis sie flüssig wird; alsdann treibt man in einer
Schüssel 2 Eßlöffel voll flüssiges Nierenfett oder Mark
mit 1 ganzen Ei ab, gibt die Leber dazu nebst Pfeffer,
Salz und 1 Eßlöffel voll Aleuronatmischung und
rührt die Masse durch ein umgekehrtes Reibeisen in
die siedende Bouillon.

11. Bayrische Leberspätzchen.

Diese werden genau nach Rezept Nr. 10 vor=
bereitet, jedoch durch ein sehr großlöcheriges Blechsieb
oder Durchschlag in die Suppe gekocht.

12. Leberschnitten zur Suppe.

$^1/_5$ ℔ Kalbsleber schabt und wiegt man fein mit
etwas Majoran, 1 kleinen Zwiebel und Petersilie,
gibt 1 Eßlöffel voll zerlassene Butter, 2 Eidotter,
sowie 4 Eßlöffel voll Aleuronatmischung, den Schnee
von 2 Eiern und $^1/_2$ 10=Pfennig=Päckchen Back=
pulver dazu und rührt die Masse mit Salz und
Pfeffer gut ab. In einer Eierpfanne von 8 Run=
dungen läßt man je 1 Eßlöffel voll zerlassenes Fett
oder Butter heiß werden, teilt die Masse gleich=
mäßig aus und backt die Laibchen im Bratrohr. Wenn
dieselben auf einer Seite schön braun sind, wendet

man sie um und backt sie gar. In Scheiben oder Streifen geschnitten geben sie eine äußerst wohl= schmeckende, kräftige Suppeneinlage, die sich an kühlem Orte 2—3 Tage aufbewahren läßt. Mit Butter bestrichen, schmecken diese Schnitten auch zum Thee sehr gut.

13. Leberpuréesuppe.

In 1 Eßlöffel voll zerlassener Butter läßt man 1 Kaffeelöffel voll Aleuronatmischung gelb anlaufen, gibt ¹/₅ ℔ geschabte, mit 1 Zwiebel fein gewiegte Rindsleber hinein, gießt nach 10 Minuten ¹/₂ Ltr. Bouillon langsam daran und läßt sie 1 Stunde kochen. In eine Tasse gibt man 1 Eidotter, ohne ihn zu verrühren und seiht die Leberbrühe durch ein Haar= sieb darüber.

14. Milzsuppe.

Das ausgestreifte und gewiegte Milz wird nach Rezept Nr. 13 behandelt.

15. Hirnsuppe.

Ein Kalbshirn wird gut gewässert und abge= häutet, mit Petersilie fein gewiegt, in 1 Eßlöffel zer= lassener, heißer Butter und 1 Kaffeelöffel voll Aleu= ronat = Mischung gedünstet und mit sehr kräftiger Bouillon verdünnt. Wenn diese ¹/₂ Stunde gekocht hat, frikassiert man sie über 1 Eidotter und reicht gebähte Schnitten dazu.

16. Hirn- und Hühnerklößchen.

½ Kalbshirn wird gewässert, abgehäutet, mit etwas Petersilie fein gewiegt und mit 1 Eßlöffel voll zerlassener Butter und 1 ganzen Ei gut abgerührt. Hierauf mengt man 2 Eßlöffel voll Aleuronatmischung darunter, so daß man kleine Klößchen formen kann, die man in siedende Suppe einlegt. Es ist gut, wenn man zuvor ein Klößchen probiert, ob es beim Sieden nicht auseinandergeht, in welchem Falle man noch etwas Aleuronatmischung beimengt. Von übriggebliebenem Hühnerfleisch wiegt man ungefähr so viel, als ½ Kalbs- hirn ausmacht und verfährt wie mit diesem. Schließ- lich backt man die Hühnerklößchen in reichlich heißer Butter braun und gibt die siedende Suppe mit den weißen Hirnklößchen darüber.

17. Mark- und Butterklößchen.

1 Eßlöffel voll zerlassener Butter wird mit 2 ganzen Eiern abgerührt, ¹/₁₀ ℔ klein gewürfelt ge- schnittenes Rindsmark nebst Pfeffer und Salz und 4 Eßlöffel voll Aleuronatmischung beigemengt, kleine Klößchen geformt und in brauner Suppe gekocht.

Zu den Butterklößchen treibt man 3 Eßlöffel voll zerlassener Butter mit 2 ganzen Eiern, Salz und 3 Eßlöffel voll Aleuronatmischung ab und backt die daraus geformten Klößchen in reichlich heißer Butter.

18. Klare Bouillon über Consommé.

Ganz helle reine und kräftige Bouillon gießt man im Moment des Anrichtens über zierliche Scheiben oder Würfel von festem Consommé, welches nach Rezept Nr. 6 hergestellt wurde.

19. Braune Bouillon mit Ei.

Zwei Eßlöffel voll Consommé löst man in 1 Quart siedender Fleischbrühe auf, schlägt in eine kleine Terrine ein ganzes Ei vorsichtig, damit es nicht zerläuft, gießt so viel von der braunen Suppe darüber, daß das Ei bedeckt ist und stellt sie 10 Minuten zugedeckt auf Dampf, worauf man den Rest brauner Suppe darauf gießt.

20. Haschéesuppe.

$^1/_5$ ℔ Ochsen- oder Kalbfleischreste wiegt man mit 1 Zwiebel, etwas Petersilie und Citronenschalen recht fein, dünstet sie in etwas Fett $^1/_4$ Stunde lang, staubt mit 1 Kaffeelöffel voll Aleuronatmischung, gießt nach 10 Minuten genügend Fleischbrühe nach, läßt diese noch $^1/_2$ Stunde lang kochen und frikassiert sie beim Anrichten über 1 Eidotter.

21. Nudelsuppe.

Von 1 ganzen Ei und 4 Eßlöffeln voll Aleuronatmischung wird ein Nudelteig abgearbeitet, dünn ausgewalkt und wenn er trocken ist, recht fein geschnitten.

Mit ¹/₂ ℔ Ochsenfleisch siedet man ein fettes, altes Huhn ganz weich, zieht alsdann die Haut ab, zerlegt es und löst das Fleisch von den Knochen, schneidet zierliche Stückchen und gibt sie in die Suppe, in der man eine gute halbe Stunde vorher die Nudeln einkochte. Es ist zu bemerken, daß Nudeln von Aleuronatmischung länger kochen müssen als solche von Weizenmehl allein.

22. Nudelsuppe mit Bratwurst.

In die nach Rezept Nr. 21 bereitete Nudelsuppe gibt man 1 Paar Bratwürste, (auch frische Würstchen genannt), in der Weise hinein, daß man jede Wurst in der Mitte rasch abdreht und abschneidet, um die Einlage zierlicher zu gestalten.

23. Suppe mit Hühnerbrustfleisch.

Von dem in Rezept Nr. 21 verwendeten Huhn legt man das gesottene Brustfleisch ein paar Tage zurück, um es noch zu einer Hühnersuppe anderer Art zu verwenden. In eine kleine Casserole gibt man 1 Eßlöffel voll Aleuronatmischung, rührt diese mit lauwarmer Jus glatt ab, läßt sie ¹/₂ Stunde kochen, verdünnt diese Suppe noch ein wenig mit Bouillon und seiht sie durch ein Haarsieb in ein anderes Kochgeschirr. Man gibt die feingewiegte Hühnerbrust hinein, läßt sie noch ¹/₄ Stunde lang kochen und serviert sie über 1 Eidotter frikassiert und mit Schnittlauch bestreut.

24. Jus über Hühnermagen und -Leber.

Zu diesen weich gesottenen Teilen nimmt man braune Bouillon und gießt sie über dieselben, nachdem man sie in kleine Stückchen geschnitten hat. Man kann auch noch Würfel von nachstehendem Toast dazu geben.

25. Eiertoastsuppe.

Man quirlt 2—3 ganze Eier mit 1 Eßlöffel voll Milch ab, gibt Salz, Pfeffer und etwas Schnittlauch daran und läßt sie in einer mit Butter bestrichenen, nicht zu großen Porzellantasse, die man in siedendes Wasser stellt, so fest werden, daß man sie stürzen und, in beliebige Schnittchen geteilt, zur Suppe geben kann.

26. Kraftbrühe mit Kalbsbries.

Gesottenes, abgehäutetes Kalbsbries wird in feine Scheiben geschnitten und in gute Bouillon gelegt. In eine kleine Terrine gibt man 1 Eidotter, rührt ihn mit 1—2 Eßlöffel voll Fleischsurrogat nach Rezept Nr. 27 glatt ab und gibt die warme, jedoch nicht siedende Suppe mit Bries darüber.

27. Fleischsurrogat.

In eine Porzellanschüssel legt man 1 ℔ in kleine Würfel zerschnittenes Filet auf ein Häuschen, träufelt 10 Tropfen gereinigte Salzsäure darauf und gießt $^1/_4$ Ltr. frisches Wasser darüber: hierauf legt man ein reines Brettchen darauf und beschwert es 4 Stunden lang mit einem 8—10 ℔ schweren Stein. Nach diesem Zeitraum drückt man das Fleisch aus und füllt die rosarote Flüssigkeit in ein reines, weißes Fläschchen. Will man nun schwer kranken oder alten Personen eine recht kräftige Suppe bereiten, so thut man in eine Bouillontasse 1 Eidotter, 1 Theelöffel voll Aleuronat-Pepton, rührt dies mit 1—2 Eßlöffel voll des Fleischsurrogats glatt ab und gießt gute, erwärmte, jedoch nicht siedende Suppe daran. Diese Flüssigkeit hält sich nur 1—2 Tage.

28. Beeftea oder Flaschenbouillon.

1 ℔ mageres Filet wird in Würfeln geschnitten, in eine Weinflasche gethan und 1 Quart Wasser, jedoch ohne Salz, darauf gegossen. Man stopft die Flaschenöffnung mit einem Watteballen zu, setzt die Flasche in einen hohen Topf mit kaltem Wasser auf das Feuer und läßt den Inhalt 4—5 Stunden sieden. Durch ein Haarsieb über 1 Eidotter geseiht, ist dieser Beeftea äußerst nahrhaft für Kranke.

29. Klößchen von Kalbsbrat.
(Füllsel der Bratwurst.)

Von 3 Paar frischen Kalbsbratwürstchen streift man das Brat aus, gibt es in 2 Eßlöffel voll mit 2 ganzen Eiern abgetriebene Butter und rührt alles ganz gut ab. Nach und nach rührt man 3 Eßlöffel voll Aleuronatmischung, etwas Salz und Pfeffer und

1 Kaffeelöffel voll Backpulver daran und legt mit einem Kaffeelöffel, der jedesmal in kaltes Wasser getaucht wurde, die Klößchen in siedende Suppe, in der man sie $^1/_4$ Stunde lang kochen läßt. Nach Belieben können sie dann noch rasch in reichlich heißer Butter braun gebacken werden.

30. Bouillon mit Kalbshirnschnittchen.

Von einem gut gewässerten, abgehäuteten Rinds=hirn schneidet man schöne Scheiben, legt sie einige Minuten in leichtes Salzwasser, wendet sie alsdann in abgeklopftem Ei und Aleuronatmischung um und bratet sie in heißer Butter goldgelb; man legt diese Schnittchen in die Terrine und übergießt sie mit kräf=tiger Bouillon.

31. Cornedbeefsuppe.

In jedem Delikatessengeschäft bekommt man Cor=nedbeef zu kaufen, das man, in Stückchen oder Streifen geschnitten, $^1/_4$ Stunde vor dem Anrichten in heiße Bouillon legt. Man rührt in einer kleinen Terrine 1 Eidotter mit 1 Eßlöffel voll Fleischsurrogat nach Rezept Nr. 27 ab und gibt Cornedbeef nebst Suppe hinein.

32. Kalbfleischsuppe.

Von Kalbsbratenresten schneidet man kleine Würfel, wendet sie in zerklopftem Ei und Aleuronat=mischung, der man Salz und Pfeffer beigegeben hat, gut um und röstet sie in heißer Butter bräunlich.

Man serviert sie zu Bouillon mit Ei entweder auf einer eigenen erwärmten Assiette, oder übergießt sie mit klarer Bouillon.

33. Windsorsuppe.

Von einem alten abgekochten Huhn löst man das Brustfleisch aus und verwendet es zu Klößchen nach Rezept Nr. 16. Zur Suppe zerhackt man den ganzen Rest des Huhnes, gibt $^1/_2$ ℔ rohes Kalbfleisch und $^1/_2$ ℔ ebensolchen Schinken in Würfel geschnitten dazu nebst 2 Zwiebeln und ein paar Scheiben Sellerie und Petersilie. Gelbe oder Mohrrüben dürfen nicht beigemengt werden, da solche den Diabetikern streng verboten sind. In ungefähr $^2/_5$ ℔ Butter oder Fett dünstet man die Masse dunkelbraun, staubt 1 Eßlöffel voll Aleuronatmischung daran, gießt $2^1/_2$ Ltr. Hühnersuppe dazu, salzt und pfeffert sie und läßt sie 2—3 Stunden kochen, ohne Brühe nachzugießen. Man gibt diese kräftige Bouillon durch ein Haarsieb über die Klößchen.

34. Kaisersuppe.

Ein altes Huhn wird in der Mitte durchgeteilt, mit 1 ℔ saftigem Ochsenfleisch und dem nötigen Salz nebst Grünzeug und 3 Ltr. Wasser 3 Stunden lang gekocht. Man löst alsdann vom Huhn das Brustfleisch ab, schneidet es in längliche Streifen und wiegt das andere Hühnerfleisch so fein, daß man es mit 6 harten Eidottern durch ein Sieb treiben kann, gibt

diese Masse mit den Hühnerfleischstreifen in die Ter=
rine und gießt die siedende Bouillon durch ein Haarsieb
darüber.

35. Wildfleischpuréesuppe.

Von Hasen=, Reh=, oder Wildgeflügelresten
schneidet man das Fleisch in zierliche Stückchen, stößt
alle Knochen im Mörser fein, dünstet diese in Butter
oder Fett braun, staubt sie mit 1 Eßlöffel voll Aleu=
ronatmischung und füllt mit guter Fleischbrühe nach.
Vor dem Anrichten seiht man die Brühe über 2 Ei=
dotter und gießt sie sehr heiß über das Fleisch.

36. Eiersuppe.

Zwei schaumig gerührte ganze Eier läßt man
fadenbünn in die siedende braune Suppe einlaufen.

37. Einlaufsuppe.

1 Eßlöffel voll Aleuronatmischung wird mit 2
ganzen Eiern und 1 Kaffeelöffel voll feingewiegter
Kerbelkräuter glatt abgerührt und in siedende Bouillon
langsam eingekocht.

38. Omelettensuppe.

Von 1 Ei, 2 Eßlöffel Aleuronatmischung,
¹/₂ Kaffeelöffel voll Backpulver und einer Prise
Salz rührt man mit kalter Milch einen dickflüssigen
Teig an, läßt in einer Omelettenpfanne einen Eß=
löffel voll Butter heiß werden, gießt den Teig
hinein, backt ihn auf beiden Seiten schön gelb und

schneidet die Omelette, wenn sie erkaltet ist, in feine Nudeln, die man mit siedender Suppe übergießt. Von Aleuronatmischung schmecken diese Omelette kräftiger als die gewöhnlichen.

39. Brotsuppe.

Altgebackenes Aleuronatschwarzbrot nach Rezept Nr. 1 oder 2 der Bäckereien schneidet man in kleine Stückchen, verkocht sie in heißer Suppe und gibt sie über 1 ganzes Ei zu Tisch. Man kann die Brot=schnitten auch bloß mit Bouillon übergießen.

40. Kräutersuppe.

2 Hände voll Kerbelkräuter wiegt man fein, dünstet sie in 1 Eßlöffel voll zerlassenem Fett oder Butter, staubt sie mit 1 Kaffeelöffel voll Aleuronat=mischung, verdünnt mit guter Bouillon und frikassiert über 1 Eidotter.

41. Endiviensuppe.

Von 1 Stück Endivien trennt man die feinen Blätter von den Rippen und verfährt mit ersteren nach Rezept Nr. 40.

42. Blumenkohlsuppe.

In 2 Eßlöffel voll zerlassener Butter läßt man 1 Kaffeelöffel voll Aleuronatmischung gelb werden, löscht mit guter Fleischsuppe ab, gibt 6—8 Sträußchen rein geputzten Blumenkohl hinein und läßt ihn darin weich kochen. Man frikassiert über 1 Eidotter.

43. Spargelsuppe.

Diese Suppe wird nach Rezept Nr. 42 zube=
reitet und werden die in fingerlange Stückchen ge=
schnittenen Spargel darin weich gekocht.

44. Wirsingsuppe.

Die zarten Blätter von 1 Kopf Wirsing werden
gereinigt und in Salzwasser ziemlich weich gekocht,
alsdann mit 1 Zwiebel fein gewiegt und nach Rezept
Nr. 40 behandelt.

Man kann in diese, wie überhaupt in derartige
Suppen, beliebige Klößchen geben oder gebähtes Aleu=
ronatweißbrot dazu reichen. Sehr einfach ist eine
Einlage von Bratwurst, indem man kleine Kugeln
Bratwurst aus dem Darm streift und in die kochende
Suppe legt.

Wirsingsuppe kann man auch von übrig ge=
bliebenem Gemüse durch einfaches Verdünnen mit
Suppe herstellen.

45. Gebackene Erbsen.

Man rührt 1 Ei, 2 Eßlöffel voll Aleuronat=
mischung, eine Prise Salz mit soviel kalter Milch ab,
daß es einen dickflüssigen Teig gibt, mengt 1 Kaffee=
löffel voll Backpulver darunter, treibt diese Masse
durch einen großlöcherigen Durchschlag (Spatzenmodel)
in reichlich heißes Schmalz und backt sie braun.

Man kann diese Erbsen mit jeder Art Bouillon,
Milz= oder Leberpürresuppe übergießen.

46. Hascheeklößchen.

Unter obigen Teich, Rezept Nr. 45 kommen 4 Eßlöffel voll gehacktes Suppenfleisch oder Bratenreste und wird nur soviel Milch dazu genommen, daß sich kleine Klößchen formen lassen. Diese wendet man in Aleuronatmischung um und backt sie in heißem Schmalz oder Butter. Man gibt sie in kräftiger Bouillon zu Tische.

47. Lungenkrapfensuppe.

$1/_2$ gebrühte Kalbslunge wiegt man mit 1 Zwiebel und ein paar Citronenschalen fein, läßt in 2 Eßlöffel voll heißer Butter, 1 Kaffeelöffel voll Aleuronatmischung gelb anlaufen, gibt das Gewiegte hinein, dünstet es 10 Minuten und gibt nur soviel Fleischbrühe daran, daß es ein dicker Brei wird. Nachdem die Farce $1/_2$ Stunde gekocht hat, streicht man sie auf einen Teller zum auskühlen.

Nach Rezept Nr. 21 wird Nudelteig gemacht, der jedoch nach dem Auswalken nicht getrocknet werden darf; man belegt ihn in 2 fingerbreiter Entfernung in einer Reihe mit je 1 Eßlöffel voll Farce, schlägt den Teig darüber und schneidet viereckige Krapfen davon, die man rings um das Gefüllte fest zudrückt. Auf diese Weise wird der ganze Nudelteig verwendet und werden die Krapfen $1/_4$ Stunde in guter Suppe gekocht.

48. Ochsenschweiffuppe.

1 ℔ Ochsenschweif und ½ ℔ mageren Schinken bratet man ½ Stunde in ¹⁄₁₀ ℔ heißer Butter, Zwiebel und Petersilie im Rohre, gibt das Ganze in 1½ Ltr. siedendes Wasser in einen Topf und kocht das Fleisch solange, bis es sich von den Knochen löst. Dabei kocht die Brühe ungefähr auf 1 Ltr. ein. In einem Tiegel bräunt man in 2 Eßlöffel voll heißem Fett 3 Eßlöffel voll Aleuronatmischung, gießt durch ein Haarsieb die Bouillon daran und läßt sie noch ½ Stunde kochen. Das Fleisch des Ochsen= schweifes wird in zierlichen Stückchen kurz vor dem Anrichten darin erwärmt und gibt man die Suppe über 1 Eidotter und eine Messerspitze voll Dr. Lah= manns Nährsalzextrakt zu Tische.

49. Bayerische Leberknödel.

4 altgebackene Aleuronatweißbrötchen (Rezept Nr. 3, Mehlspeisen und Bäckereien) werden fein auf= geschnitten und mit ¹⁄₄ Ltr. siedender Milch überbrüht. ¹⁄₅ ℔ Rindsleber wird geschabt, mit 1 Zahn Knoblauch, ½ Zwiebel, ½ Kaffeelöffel voll Majoran, einigen Citronenschalen und für 5 Pfg. Rindsmark fein ge= wiegt und mit 1 Kaffeelöffel voll Salz mit dem Brot gut verarbeitet. Man formt runde Knödel (Klöße) daraus und siedet sie ½ Stunde in guter Fleischbrühe.

II.

Krebſe und Fiſche.

———

1. Gesottene Krebse.

1 Ltr. Wasser wird unter Zugabe von 2 Eßlöffel voll Salz, 1 Eßlöffel voll Essig, 2 Pfefferkörner, 1 Prise Kümmel und einem kleinen Bouquet Petersilie zum Sieden gebracht, worin man alsdann 6 Stück schöne, gut gewaschene Krebse $^1/_4$ Stunde lang kocht. Man serviert sie auf einer erwärmten Platte, welche mit einer kleinen Serviette belegt ist; auf diese ordnet man die Krebse, verziert sie mit Petersilie und schlägt die Enden der Serviette darüber zusammen.

2. Krebsragout.

6 Stück Krebse werden nach Rezept Nr. 1 gesotten, das Fleisch der Scheren und Schweißchen vorsichtig ausgelöst und letzteren der Darm ausgezogen. In einer kleinen Casserolle läßt man 3 Eßlöffel voll zerlassener Butter mit 1 Kaffeelöffel voll Aleuronat-mischung gelb werden, gibt das Krebsfleisch, sowie von einem minutenlang in Salzwasser abgekochten, abgehäuteten Kalbshirn 10—12 Scheiben, ebensoviel Kalbsbries und ein paar feingeschnittene Trüffeln, Champignons oder andere feine Pilze hinein nebst Salz, etwas Pfeffer und 1 Prise fein gewiegter Peter-

ſilie, mengt alles vorſichtig durcheinander, gießt $\frac{1}{2}$ Quart Bouillon dazu, ſerviert das Ragout nach $\frac{1}{2}$= ſtündigem mäßigen Kochen in Muſcheln, belegt mit 1 Citronenſchnitte.

3. Krebspaſtetchen.

Nach Rezept Nr. 18 der Bäckereien und Mehl= ſpeiſen rührt man Teig ab, pinſelt Speiſemuſcheln mit heißer Butter aus, ſtreicht von dem Teig nach der Form der Muſchel flach hinein nnd backt ſie raſch in gut geheiztem Rohre. Damit ſich das Backwerk nicht heben kann, ſomit die Muſchelform verlieren würde, beſchwert man den Teig, ſobald er angezogen hat, mit einer Hand voll ganzer Erbſen. Wenn alle nötigen Muſcheln gebacken ſind, erhält man ſie in ihren Formen auf der Herdplatte heiß.

Während des Backens kocht man von 15 Krebſen, die auf 6 Muſcheln berechnet ſind, nachſtehendes Ra= gout: In $\frac{1}{10}$ ℔ heißer Krebsbutter macht man 1 Kaffeelöffel voll Aleuronatmiſchung hellbraun, gibt 6 Eßlöffel voll weichgeſottene, in Würfeln geſchnittene Kalbsmilch dazu, nebſt etwas gehackter Peterſilie, 8 bis 10 friſche oder eingemachte Champignons, löſt dieſe Maſſe mit beſter Bouillon zu einem Brei auf und miſcht ſchließlich das ausgelöſte Fleiſch der Krebs= ſcheren= nnd Schweifchen darunter. Nach 10 Minuten füllt man die aus den Formen gelöſten, gebackenen Muſcheln, füllt jede mit dem Ragout und ſerviert ſehr heiß.

4. Krebsfrikandeau.

6 Stück Krebse werden wie oben behandelt, $^1/_2$ Kalbsmilch in Salzwasser weich gekocht und in Würfeln geschnitten. In einer Casserole schwitzt man 1 Eßlöffel voll Aleuronatmischung in $^1/_{10}$ ℔ Butter hellgelb, verdünnt mit $^1/_4$ Ltr. bester Bouillon, gibt 6 Kapern, Salz, etwas Pfeffer und einige feinge= wiegte, frische oder eingelegte Pilze daran, läßt diese Brühe $^1/_4$ Stunde lang kochen, frikassiert damit in der Schale, in der das Frikandeau serviert wird, 3 bis 4 Eidotter, mischt Krebsfleisch und Kalbsmilch darunter, stellt die Schale $^1/_2$ Stunde lang ins bain-marie (Wasserbad), ohne jedoch die Speise kochen zu lassen, und garniert sie mit in Salzwasser weich ge= kochtem Blumenkohl.

5. Krebsbutter zu bereiten.

25 Stück große Krebse werden in siedendem Salzwasser $^1/_4$ Stunde lang gekocht und sodann das Fleisch ausgelöst. Die gereinigten Körper und Schalen stößt man fein, gibt sie mit $^1/_2$ ℔ frischer Butter in eine Casserole, läßt sie schmoren, jedoch nicht braun werden, gießt 1 Ltr. heißes, leicht gesalzenes Wasser dazu und kocht das Gemenge 1 Stunde lang. Als= dann seiht man es in eine mit frischem Wasser zur Hälfte gefüllte nicht zu weite Schüssel durch ein reines Tuch, preßt es fest aus, und wenn die Butter fest ist, nimmt man sie ab und verwendet sie nach Belieben.

6. Eingelegte Krebse.

Das nach Rezept Nr. 1 gekochte und ausgelöste Krebsfleisch von ungefähr 25—30 Krebsen wird in ein nicht zu großes Einsiedeglas geordnet, worauf jede Lage gut gesalzen und mit zerlassener, doch nicht erhitzter Krebsbutter 2 Finger hoch zugegossen wird. Wenn man im Winter davon benützt, muß man die Butter immer wieder flüssig werden lassen und das Krebsfleisch zugießen; dieses wird vor der Verwendung gewaschen. Anlangs August ist die beste Zeit des Einlegens für den Winter. Sehr vorteilhaft ist es, wenn man in kleinen Gläsern (Mostrichgläsern) je 1 Portion Fleisch von 2—3 Krebsen mit der nötigen Krebsbutter übergießt und gut zugebunden an kühlem Orte aufbewahrt, weil man dann für 1 Person nicht jedesmal das große Glas zu öffnen braucht.

7. Seefische zu kochen.

Man trocknet Seefische, nach kurzem Abwaschen, mit einem reinen Tuch gut ab, da das längere Wässern des toten Fisches demselben allen Wohlgeschmack entzieht.

Wenn er von der innen anhaftenden Haut befreit ist, salzt man ihn entweder im Ganzen, oder in Stücke geteilt kräftig ein, ohne das Fleisch zu drücken und setzt ihn in kaltem Wasser, Salz, 1 Zwiebel, Lorberblatt und Citronenscheibe zum Feuer. Man kann nach Belieben auch etwas Essig hinzufügen. Sobald das Wasser zu kochen anfängt, zieht man die Casserole zurück und läßt den Fisch noch so lange stehen, bis sich die Flossen leicht herausziehen lassen.

8. Schellfisch mit heißer Butter.

Der in beliebige Stücke geteilte Schellfisch wird nach Rezept Nr. 7 gekocht, beim Anrichten mit etwas gehackter Petersilie bestreut und in einer Saucière heiße Butter dazu gegeben.

9. Schellfisch mit Petersiliensauce und Stachys tuberifera.

In einer Casserole schwitzt man in $^1/_{10}$ ℔ Butter 2 Eßlöffel voll Aleuronatmischung gelb, gibt 3 Eß= löffel voll gehackter Petersilie darunter nebst Salz und Pfeffer, verdünnt mit 1 Glas Weißwein und guter Bouillon und läßt die Sauce 1 Stunde kochen. 2 Hände voll gut gereinigter Stachys kocht man darin weich und reicht diesen Beiguß zum Schellfisch, der nach Rezept Nr. 7 gekocht wurde.

10. Gebratener Schellfisch.

Den gereinigten und im Ganzen gesalzenen Fisch kerbt man auf dem Rücken je nach dessen Größe 4 bis 5 mal ein, steckt in jeden Schnitt ein Stück Butter, bindet ihn mittels Durchziehens eines Bind= fadens durch die Augenhöhlen und den Schweif rund zusammen, bestreut ihn mit Petersilie, gibt in eine Bratpfanne einige Stückchen Butter, klein geschnittenes

Grünzeug, legt den Fisch mit dem Rücken nach oben hinein und brät ihn $3/_4$ Stunden lang unter fleißigem Begießen. Hierzu eignen sich verschiedene Beigüsse, die unter dem Kapitel „Saucen" angeführt sind.

11. Zander zu kochen.

Dieser Fisch wird geschuppt, gereinigt, gesalzen, eingekerbt und rund dressiert. Man setzt ihn in kaltem Salzwasser unter Beigabe von ein paar Zwiebeln zu und läßt ihn langsam gar kochen. Auch hierzu wird Sauce nach Geschmack gereicht.

12. Zander in Essig und Oel.

Der geschuppte, gereinigte, in Stücke geteilte und gut gesalzene Zander wird in Salzwasser gar gekocht, herausgenommen und kalt gestellt, damit er fest wird. Man zieht die Haut vorsichtig ab, entgrätet den Fisch und schneidet ihn in zierliche Stückchen, die man mit einer Mischung von Essig und Oel übergießt. Mit Kapern und feingeschnittenen Zwiebeln bestreut gibt man den Fisch zu Tisch.

13. Gebratener Dorsch.

Nachdem dieser Fisch geputzt und gereinigt ist, wird er in fingerstarke Stücke geschnitten, welche man salzt und pfeffert, in zerklopftem Ei und Aleuronat-Mischung umwendet und sie dann in heißer Butter langsam braun bratet. Man gibt diesen Fisch als Beilage zu Sauerkohl, oder als selbständiges Gericht mit Meerrettig in Essig und Oel.

14. Kabliau zu kochen.

Diesen Fisch soll man ungeteilt, also im Ganzen zu Tisch bringen, weshalb er, nachdem er geschuppt, gereinigt und von den Flossen befreit worden, auf einem Fischsieb in kaltes gesalzenes Wasser gestellt und gar gekocht wird. Sauce nach Belieben.

15. Scholle zu kochen.

Die Schollen werden gereinigt und abgeschabt, in kurze, längliche Streifen geschnitten, abgewaschen und mit Salz bestreut. In eine tiefe Casserole stellt man einen flachen Teller, legt den Fisch darauf, begießt ihn mit 1 Quart Weinessig, deckt ihn zu und dämpft ihn $3/4$ Stunden lang. Wenn der Fisch herausgenommen wird, gießt man den Weinessig ab, läßt ihn auf eine heiße Platte gleiten und serviert ihn zu feiner Sauce.

16. Blau abgesottene Forellen.

Forellen dürfen nur kurz vor dem Gebrauch getötet werden, damit sie den bläulichen Schleim, der ihnen anhaftet, nicht verlieren; aus diesem Grunde soll man sie nur vorsichtig mit der Hand berühren. Wenn sie gereinigt, nicht zu weit geöffnet und von den Eingeweiden befreit sind, bindet man sie rund und legt sie in die Casserole. Eine Stunde vor der Zubereitung macht man Essig, Salz und 1 zerschnittene Zwiebel siedend, übergießt die Fische, bedeckt die Casserolle zuerst und zwar rasch, mit 1 Bogen gewöhnlichen, grauen Filtrirpapier und dann mit einem Deckel und läßt sie so auf dem Küchentisch stehen. ¹/₄ Stunde vor dem Genuß bringt man die Forellen schnell zum sieden, hebt sie vorsichtig auf eine erwärmte Platte, die mit Petersilie und Citronen= scheiben garniert ist und serviert dann sofort.

17. Gebackene Karpfen.

Der geschuppte und gereinigte Fisch wird in beliebige Stücke geschnitten und gut gesalzen ¹/₂ Stunde lang zur Seite gelegt.

Man taucht vor dem Backen die Fischstücke in kaltes Wasser, wendet sie zuerst in zerschlagenen Eiern, dann in Aleuronatmischung um, backt sie in reichlich bemessenem, heißen Schmalz schön hellbraun und gibt sie zu Sauerkohl oder grünem Salat.

18. Gekochter Huchen.

Wenn man einen hinlänglich großen Fischkessel mit Rost hat, ist es am besten, den gut gereinigten, gewaschenen und gesalzenen Huchen nicht zu teilen, weil er im Ganzen schöner serviert werden kann und besser aussieht. Man gibt soviel gleiche Teile Wasser und Essig in die Casserole nebst reichlich Salz, daß der Rost noch leicht damit bedeckt wird, bringt diese Flüssigkeit zum kochen und legt den Fisch darauf, bestreut ihn mit klein gehackten Zwiebeln und Grün= zeug, deckt ihn zu und stellt ihn auf der Herdplatte zurück, damit er nun im Dampfe gar wird, was man daran erkennt, daß sich die Flossen leicht wegziehen lassen. Man reicht holländische Sauce dazu.

19. Gefüllte Schleien.

$^1/_2$ ℔ im Salzwasser abgekochten Hecht entgrätet man, hackt das Fleisch mit Petersilie und 1 Zwiebel fein, gibt von 2 ganzen Eiern das Rührei, 2 Eßlöffel saure Sahne, 1 Eßlöffel voll zerschmolzener Butter, Salz, Pfeffer und 3 Eßlöffel voll Aleuronat=mischung dazu und rührt alles gut ab. Mit dieser Farce füllt man den nicht zu weit geöffneten Leib einer $1^1/_2$—2 ℔ schweren, gut gereinigten und ge=salzenen Schleie, näht die Bauchöffnungen zu und salzt den Fisch noch ein. In eine Bratpfanne gibt man bis zur halben Höhe halb Fleischbrühe, halb Weißwein, würzt mit Pfeffer, Zwiebel und Lorbeer=blatt und dämpft den Fisch darin gar unter fleißigem Begießen. Man reicht Sardellensauce dazu.

20. Gespickter Hecht.

Der geschuppte, gewaschene und gesalzene Hecht wird auf beiden Seiten des Rückens in der Weise gespickt, daß man mit einem scharfen Federmesser Schnitte macht, in die man die Speckstreifchen steckt. Der Boden der Bratpfanne wird mit Speckscheiben belegt und diese gelb geröstet; dann legt man den gespickten Hecht darauf und bratet ihn unter fleißigem Begießen mit zerlassener Butter und Bouillon, je nach der Größe, $^1/_2$—$^3/_4$ Stunden lang. Sowohl Speck als Hecht müssen eine lichtbraune Farbe haben, wenn er gar ist. Vorsichtig auf eine heiße Platte gehoben, wird er mit beliebiger Sauce servirt.

21. Gebratener Waller.

Siehe: Gespickter Hecht, Rezept Nr. 20.

22. Hechtragout.

Für 1 Person genügt $^1/_2$ π dieses Fisches, den man nach Vorschrift reinigt, entgrätet und in zierliche Stückchen schneidet. In einer kleinen Beefmaschine von Nickelmetall läßt man 2 Eßlöffel voll zerlassener Butter gelb werden, gibt fein gehackte Peterfilie und 1 ebensolche Zwiebel, sowie 1 Kaffeelöffel voll Aleuronatmischung und 6—8 Kapern dazu und fügt, sobald das Mehl hellgelb ist, den Saft $^1/_2$ Citrone, $^1/_2$ Weinglas Weißwein, Salz und Pfeffer bei. Darauf gibt man die Fischstückchen hinein, mengt sie vorsichtig durcheinander, gießt noch 2—3 Eßlöffel voll beste Bouillon nach, schließt den Deckel und läßt das Ragout, ohne mehr nachzusehen, $^1/_4$ Stunde lang auf heißer Herdplatte dämpfen. Man servirt in der Maschine.

23. Maifische.

Diese äußerst zarten und feinen Fische sind am besten, wenn man sie entweder blos in Salzwasser kurz abkocht und mit heißer Butter servirt, oder nach Rezept Nr. 22 bereitet.

24. Fisch in Dampf gekocht.

Hierzu eignen sich sowohl Süß= als Salzwasser=
fische.

Das Fleisch des rohen gereinigten Fisches wird,
von Gräten und Rückgrat befreit, in mundgerechte
Stückchen zugerichtet und in Salzwasser gelegt. In
der Beefmaschine macht man auf $^1/_2$ ℔ Fischfleisch
$^1/_{10}$ ℔ Butter heiß, gibt ersteres hinein bestreut es
mit fein gehackter Petersilie und stellt die Maschine
zugedeckt auf die heiße Ofenplatte. Nach 10 Minuten
ist die Speise gar.

25. Fischkraut.

Weinkraut wird tags vorher nach Rezept Nr. 16
der Gemüse gar gekocht. Hecht, Schellfisch oder Stock=
fisch bratet oder siedet man halb gar und teilt den
betreffenden Fisch in nicht zu kleine Stücke die man
entgrätet. Eine tiefe Schüssel oder Auflaufform
streicht man gut mit Butter oder Schweinefett aus,
gibt eine Lage aufgewärmten Sauerkohl, dann eine
Lage Fischstückchen hinein und fährt so fort bis zum
Rande. Die letzte Lage muß aus Kohl bestehen, den
man mit geriebenen Zwiebeln und einigen Butter=
stückchen bestreut, in den Bratofen bringt und $^1/_2$
Stunde lang schmoren läßt.

26. Fischkeule.

2 ℔ billige, gereinigte Fische werden in Salz=
wasser gekocht, entgrätet und das Fleisch mit Peter=
silie fein gewiegt. 3 Eßlöffel voll zerlassener Butter

wird mit 3 ganzen Eiern schaumig gerührt, die ge=
hackten Fische, Pfeffer, Salz und 4—5 Eßlöffel voll
Aleuronatmischung beigefügt und recht tüchtig unter=
einander gemengt. Man formt daraus eine kleine
Keule, wendet sie in abgequirlten Eiern, dann in
Aleuronatmischung um, legt sie auf einige Butter=
und Zwiebelscheiben in die Bratpfanne und bratet sie
1 Stunde lang unter fleißigem Begießen mit Butter
und Bouillon. Die Keule muß eine schöne braune
Farbe haben.

27. Fischwürstchen.

Aus 1 ℔ blau abgesottenen billigen Fischen macht
man mit etwas Citronenschale und Petersilie ein
Haschee, rührt 30 gr Butter mit 1 ganzen Ei schau=
mig, gibt 3—4 Eßlöffel voll Aleuronatmischung dar=
unter, alsdann Pfeffer, Salz und das Haschee und
formt Würstchen daraus, die man in abgequirltem
Ei und Aleuronatmischung umwendet und in heißer
Butter goldgelb backt.

28. Fischcroquetten.

Man verrührt ⅛ Ltr. Milch mit 100 gr
Butter, Salz, Pfeffer und 125 gr Aleuronatmischung
so lange, bis sich die Masse vom Topfe löst, gibt 3
ganze Eier und 1 ℔ fein gehacktes, frisches Hecht=
fleisch darunter, vermengt alles gut, formt eiförmige
Croquetten, wendet sie in zerschlagenem Ei und Aleu=
ronatmischung um und backt sie im Schmalze oder
in frischer Butter schön braun.

29. Fischkarbonaden.

Die Vorbereitung der Masse geschieht genau nach Rezept Nr. 28, aus welcher flache Karbonaden geformt und dieselben, wenn sie fertig sind, reichlich mit Citronensaft besprengt werden. Man gibt sie als Beilage zu Gemüse und Salat, oder für sich allein. In diesem Falle stellt man sie heiß, bindet die Butter in dem Schmortiegel mit einigen gehackten Pilzen und Petersilie und gibt etwas Bouillon daran; wenn dieser Beiguß ¼ Stunde lang gekocht hat, werden die Karbonaden damit übergossen.

30. Fischsalat.

Gebratene oder auch nur gekochte Fischreste teilt man in zierliche Stücke und richtet sie in eine nicht zu tiefe Schüssel. In einem Gefäße rührt man auf ungefähr ½ ℔ Fischfleisch 1 Eigelb mit 3 Eßlöffel voll Salatöl fein ab, gibt ⅛ Ltr. Essig, Salz und Pfeffer dazu und übergießt damit den Fisch 2 Stunden vor Tisch.

31. Hummermayonnaise.

Kalte Mayonnaise (siehe Rezept Nr. 6 in der Abhandlung: Saucen) wird über bergförmig und fest aufeinander geschichteten Büchsenhummer gegossen, mit Aspik, Pfeffergurken, Fisch- und Krebsfleisch, sowie Scheiben von hartgesottenen Eiern verziert und die Schale 2—3 Stunden auf Eis gestellt.

32. Falſche Auſtern.

Für 1 Perſon ſchneidet man Leber und Milch eines Karpfen in der Größe der zu verwendenden Speiſemuſchel zurecht, läßt in einer kleinen Caſſerole 1 Eßlöffel voll zerlaſſener Butter und ½ Kaffeelöffel voll Aleuronatmiſchung gelb werden, gibt 3—4 Eßlöffel voll beſter Suppe dazu und kocht obige Fiſchteile kurz darin auf. 2 Muſcheln ſtreicht man mit Sardellen= butter aus, legt je 1 Stück Karpfenmilch und Leber hinein, gießt etwas Sauce darüber, legt 1 kleines Stückchen Sardellenbutter darauf, tränfelt Citronenſaft dazu, ſtellt die Muſcheln auf ein Blech in das Brat= rohr und backt ſie ⅓ Stunde lang.

33. Oelſardinen auf Brötchen.

8 Stück geſchuppte und entgrätete Fiſchchen zer= drückt man mit einem Holzlöffel in einer Porzellan= ſchale, vermengt damit 1 hartgeſottenes und 1 rohes Eigelb, Pfeffer, Salz, ſowie einige Tropfen von dem Olivenöl aus der Büchſe, in der die Sardinen waren, zu einem gleichfarbigen Brei und beſtreicht damit nicht zu dünne Scheiben von friſch gebackenem Aleuronat= weißbrot. Sie ſind vorzüglich zu Thee und Wein.

34. Caviarſchnitten.

Schnitten von ſchwarzem oder weißem Aleuro= natbrot bäht man, beſtreicht ſie noch warm mit friſcher Butter und Caviar, der dann mit feingehackten Zwie= beln beſtreut und mit Citronenſaft beträufelt wird.

35. Sardellenschnittchen.

Aleuronatweißbrot wird in Scheiben geschnitten, in heißer Butter gelb geröstet und dann mit nachstehender Farce bestrichen:

Man wiegt 4—5 Stück gewässerte, geputzte und entgrätete Sardellen fein, mischt 1 Kaffeelöffel voll gehackten Schnittlauch darunter und vermengt dies mit $\frac{1}{5}$ ℔ frischer Butter derart, daß letztere grau erscheint.

III.

Saucen.

1. Warme Fischsauce.

In 60 gr Butter läßt man 2 Eßlöffel voll Aleuronatmischung und 1 geriebene Zwiebel gelb werden, gibt 2 Pfefferkörner, 1 Prise Kümmel und 1 mittelgroße fein geschnittene Essiggurke dazu, gießt $1/_2$ Ltr. Fleischbrühe daran, schmeckt den Beiguß mit dem Saft einer Citrone und etwas Salz ab und läßt ihn $3/_4$ Stunden lang kochen.

2. Kalte Fischsauce.

4 hartgesottene Eidotter rühre man mit 3 Eßlöffel voll Provence-Oel zu dünnem Brei, gebe 2 mittelgroße feingewiegte Zwiebeln, $1/_2$ Weinglas voll Weinessig, 1 Kaffeelöffel voll Senf, ebensoviel gehackten Schnittlauch und Kapern dazu und rühre die Sauce mit 1 Quart kalter, entfetteter Fleischbrühe glatt.

3. Holländische Sauce I.

$1/_5$ ℔ frische Butter rührt man auf dem Feuer mit 2 Eßlöffel voll Aleuronatmischung, Salz, etwas Muskatnuß und $1/_2$ Ltr. Fischwasser glatt, nimmt die Casserole vom Feuer, drückt den Saft $1/_2$ Citrone an die Sauce und gießt entweder $1/_2$ Weinglas voll leichten Essigs oder Weißweins dazu und läßt sie $^1/_2$ Stunde lang kochen. Beim Anrichten rührt man in der zu benützenden Schüssel 2 Eidotter mit 1 Eß= löffel voll saurer Sahne ab und frikassiert die Sauce durch ein Haarsieb darüber.

4. Holländische Sauce II.

3 Eidotter und 1 Theelöffel voll Aleuronat= mischung verrührt man mit $^1/_2$ L. kaltem Wasser, würzt es mit etwas Muskat, Pfeffer und Salz und bringt es unter beständigem Rühren zum kochen, wonach man es sofort vom Feuer nimmt. Nun wird noch etwas Essig, 125 gr Butter und 8—10 Stück Kapern durchgerührt und in einer heißen Sauciere serviert.

5. Senf=Sauce. (Mostrich.)

In 3 Eßlöffel voll zerlassener Butter schwitze man 1 Eßlöffel voll Aleuronatmischung gelb, gebe 1 Eßlöffel voll Senf, je 1 Theelöffel voll Kapern und gewiegte Petersilie und den Saft $^1/_2$ Citrone dazu, verdünne mit 1 Weinglas voll Weißwein und $^1/_2$ Ltr. guter Bouillon. Man läßt die Sauce $^3/_4$ Stunde lang kochen.

6. Mayonnaise=Sauce I.

2 frische Eidotter werden mit 1 Prise Salz und dem Saft $^1/_2$ Citrone klar gerührt; dann gibt man tropfenweise ungefähr 3 Eßlöffel voll feinsten Oeles

darunter, sowie ein paar Tropfen Estragonessig; auch etwas Aspik und ½ Quart kalte, entfettete Fleisch= brühe kommt dazu, nebst etwas weißem Pfeffer. Lange und gut gerührt, wird die Sauce ziemlich dick; man kann sie auch vor dem Gebrauch auf Eis stellen.

7. Mayonnaise=Sauce II.

Man schwitze in einer Casserolle in 1 Weinglas voll feinen Speiseöls ein paar Eßlöffel voll Aleuronat= mischung hellgelb, rühre sie mit 1 Quart kräftiger heißer Bouillon ab, koche sie 20 Minuten lang, wobei man nach und nach etwas Estragonessig, Salz, weißen Pfefferstaub und ein wenig Citronensaft hin= eingibt. Man nimmt die Sauce nun vom Herde weg und rührt sie so lange, bis sie ganz glatt ist.

8. Remouladensauce.

Sie wird wie Mayonnaise, Rezept Nr. 7 be= reitet, jedoch unter Zugabe 1 Eßlöffels voll Mostrich.

9. Weinsauce.

2 Eßlöffel voll Aleuronatmischung rührt man mit 1 Weinglas kalten Wassers klar, gibt 2 Wein= gläser voll Weißwein, 1 Quart Bouillon, Salz und $\frac{1}{10}$ ℔ Butter dazu, rührt diese Flüssigkeit recht schaumig und quirlt damit in einer Casserole 4 Ei= dotter ab, läßt sie unter beständigem Rühren dick werden und serviert rasch. Diese Sauce eignet sich auch als Beiguß zu Spargel.

10. Buttersauce.

Eine Porzellanschale wird auf kochendes Wasser gestellt; wenn sie heiß ist, ¹/₂ ℔ Butter, 1 Kaffeelöffel voll gehackte Petersilie und schließlich 1 Quart erwärmte Bouillon 10—12 Minuten lang darin schaumig gerührt und sehr heiß serviert.

11. Trüffelsauce.

In 3 Eßlöffel voll zerlassener Butter läßt man 1 Eßlöffel Aleuronatmischung weiß gelb werden, verdünnt sie mit 1 Weinglas voll Weißwein und dem Saft ¹/₂ Citrone, gibt 1 Lorbeerblatt, 1 Nelke, Salz und etwas Pfeffer daran und läßt diese Sauce ¹/₂ Stunde lang kochen. Wenn sie zu dick wird, hilft man mit Bouillon und Weißwein nach. ¹/₄ Stunde vor dem Anrichten gibt man 2 Eßlöffel voll gehackter Trüffeln hinein, die man noch 10—15 Minuten lang durchkochen läßt.

12. Kapernsauce mit Gurken.

Dieser Beiguß wird nach Rezept Nr. 11 bereitet, jedoch statt der Trüffeln, 2—3 klein geschnittene Essiggurken und 2 Eßlöffel voll Kapern beigegeben.

13. Sauce Ravigote.

Die Zubereitung geschieht nach Mayonnaise I, Rezept Nr. 6, unter Hinzufügen von 1 Eßlöffel voll feingewiegter Kerbelkräuter.

14. Gêlée-Sauce.

Von ¹/₂ Ltr. Fleischbrühe und 4 Blatt weißer oder roter aufgelöster Gelatine bereitet man ein Gêlée und läßt es steif werden. 1—2 Eßlöffel feinstes Oel, etwas fein gehackten Schnittlauch und Petersilie, eben solches Kerbelkraut, rührt man mit 1 Kaffeelöffel voll Mostrich und Essig nach Geschmack mit dem steifen, jedoch nicht zum Schneiden gesulzten Gêlée ab und übergießt damit Fisch oder Fleisch, überhaupt jede Platte nach Belieben.

15. Sardellensauce.

Zu 4—5 gewaschenen, gereinigten und fein ge- wiegten Sardellen macht man eine Mehlschwitze von 3 Eßlöffel voll Aleuronatmischung. Die Sardellen werden darin gedämpft unter Zugabe von 6—8 Kapern, 1 fein gehackten Zwiebel und ebensolcher Petersilie, löscht darauf mit 1¹/₂ Quart (³/₈ Ltr.) guter Bouillon ab, läßt die Sauce ¹/₂ Stunde lang kochen und seiht sie durch ein Haarsieb.

16. Feine Kräutersauce.

Je 1 Eßlöffel voll fein gewiegter Kerbelkräuter, Petersilie, Schnittlauch, Schalotten und Estragon ver- rührt man tüchtig mit 3 durchgetriebenen hartgesot- tenen Eidottern, 4 Eßlöffel voll Salatöl, 3 Saccha- rintabletten und so viel Essig, daß die Sauce dick- flüssig ist.

17. Portugiesische Sauce.

In $^1/_{10}$ ℔ heißer Butter läßt man $^1/_{10}$ ℔ ge=
hackten Schinken, 1 Zwiebel und 1 Eßlöffel voll
Vertramkraut dünsten, staubt nach $^1/_4$ Stunde 1 Kaffeelöffel voll Aleuronatmischung daran und dämpft es
noch $^1/_2$ Stunde unter fleißigem Umrühren; hierauf
gibt man $^3/_8$ Ltr. beste Fleischbrühe daran, läßt die
Sauce noch $^1/_2$ Stunde kochen, rührt den Saft $^1/_2$
Citrone und 3 Saccharintabletten darunter und treibt
sie beim Anrichten durch ein Haarsieb.

18. Citronensauce.

In $^1/_{10}$ ℔ heißer Butter röstet man 1 Eßlöffel
voll Aleuronatmischung, rührt $^1/_2$ Ltr. leichten Pfälzer
Weißwein, $^1/_4$ Ltr. Wasser, 10 Saccharintabletten,
die geriebene Schale und den Saft 1 Citrone daran,
läßt die Sauce gut aufkochen und quirlt sie beim An=
richten über 4 Eidotter.

19. Gurkensauce.

Siehe Rezept Nr. 12. Statt der Kapern gibt
man entweder 6 klein geschnittene Essiggurken, oder,
nach Geschmack, 6 süß eingemachte Gurkenschnitze
(siehe Gemüse Nr. 28) unter die Sauce. In beiden
Fällen rührt man 1 Kaffeelöfel voll französischen
Senf dazu.

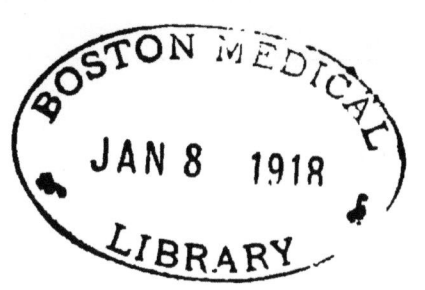

IV.

Braten, Fleischspeisen

und

Zwischenspeisen.

———

1. Kalbsbraten.

Wenn man das Fleisch von Keule, Schulter oder Rücken gut gewaschen hat, löst man die Knochen aus, gibt auf den Boden einer Bratpfanne, je nach der Größe der Fleischportion (auf 2 ℔ Fleisch ¹/₁₀ ℔), Butter, klein geschnittenes Grünzeug, legt den gesalzenen und gepfefferten Braten darauf, belegt ihn oben mit 3—4 kleinen Butterscheiben und bratet ihn unter fleißigem Begießen mit Bouillon 1¹/₂—2 Stunden schön braun und weich.

2. Gebratene Kalbsbrust.

Die rein gewaschene Kalbsbrust wird vorsichtig untergriffen und nachdem die Knochen ausgelöst, gesalzen und gepfeffert. In einer Schüssel rührt man 3 Eßlöffel voll zerlassener Butter mit 2 ganzen Eiern schaumig ab, gibt 3 in Milch geweichte und fest ausgedrückte Aleuronat=Weißbrötchen dazu, fügt 1 Theelöffel fein gewiegte Petersilie, ebensolche Citronenschalen und desgleichen 8—10 Champignons daran, verrührt die Farce tüchtig, füllt die Brust damit und näht sie zu. Die weitere Behandlung geschieht nach Rezept Nr. 1.

3. Eingemachtes Kalbfleisch.

1 ℔ Kalbsschlegel oder Schulter wird in hand=
große Stücke geteilt, gesalzen und leicht gepfeffert.
In einer Casserole macht man $^1/_5$ ℔ Butter heiß,
legt das Fleisch hinein, bestreut es mit Petersilie,
1 kleinen gehackten Zwiebel und 1 Eßlöffel voll
Spargelhäutchen (siehe Dörrgemüse), wendet das Fleisch
mit der Gabel in der Butter um, deckt es zu und
läßt es $^1/_4$ Stunde lang dünsten. Alsdann staubt
man es mit 3 Eßlöffel voll Aleuronatmischung, dämpft
es nur 5 Minuten lang, weil das Aleuronat rascher
bräunt, und gießt langsam $^1/_2$ Ltr. Fleischbrühe, sowie
1 Glas Weißwein nach und läßt es noch 1 Stunde
lang kochen. Vor dem Anrichten schmeckt man die
Sauce mit Citronensaft ab, frikassiert sie durch ein
Sieb über 1—2 Eidotter und legt das Fleisch hinein.
Wenn man während des Kochens 1 Kaffeelöffel voll
Aleuronat=Pepton an die Sauce gibt, so wird deren
Wohlgeschmack und Nährkraft bedeutend erhöht.

Omeletten (siehe Mehlspeisen) sind eine passende
Zuspeise, auch geschmorte Stachys tuberifera. (Siehe
Gemüse.)

4. Kalbsrippen mit Spargel.

Man läßt sich vom Schlächter 2—3 fleischige,
zurechtgerichtete Kalbsrippen geben, wäscht, salzt und
pfeffert sie und bratet dieselben in $^1/_5$ ℔ Butter,
welche sehr heiß sein muß, weich und auf beiden Seiten

braun. Man legt die Rippchen in eine zugedeckte Schüssel, stellt sie auf Dampf und bereitet in der Butter eine pikante Sauce, indem man $\frac{1}{2}$ Kaffeelöffel voll Aleuronatmischung, gewiegte Petersilie und 1 solche Zwiebel, den Saft $\frac{1}{2}$ Citrone, etwas Pfeffer, 6—8 Kapern und 3 Eßlöffel voll Bouillon dazu gibt und einige Minuten kochen läßt. Auf heißer Platte serviert man die Rippchen, umgibt sie mit in Salz=wasser weich gekochten Spargelstangen und übergießt das Ganze durch ein Haarsieb mit der Sauce.

5. Kalbsschnitzel naturel.

Aus einer Keule werden handgroße, gut messer=rückendicke Stücke geschnitten, geklopft, gesalzen und gepfeffert und wie Kalbsrippen nach Rezept Nr. 4 behandelt.

Wenn man die Kalbsschnitzel panieren will, so darf dies für Diabetiker nur mit Aleuronatmischung geschehen, nachdem sie in zerschlagenem Ei umgewendet wurden; auch läßt man bei dieser Zubereitung die Sauce weg und garniert die Schnitzel, wenn sie auf der heißen Platte zum servieren bereit liegen, mit Peter=silie und Citronenschnitten. Jeder den Diabetikern erlaubte Salat eignet sich als Zuspeise.

6. Saure Kalbskeule.

$1\frac{1}{2}$ ℔ vom Keulenstück und zwar mitsamt dem Rohrknochen, jedoch vom fleischigen, oberen Teile, übergießt man in einer sehr tiefen Casserole mit 1 Ltr.

Effig, gibt 2 Eßlöffel voll Salz, 2 Pfefferkörner und 2—3 fein geschnittene Zwiebeln dazu, siedet die Keule bis sie fast ganz weich ist, doch nicht vom Knochen fällt. Inzwischen läßt man in 4 Eßlöffel voll zerlassener Butter 1 Eßlöffel voll Aleuronatmischung bräunlich werden, gießt ¼ Ltr. gute Bouillon daran, gibt 1 Lorbeerblatt und 1 Kaffeelöffel voll Kümmel dazu, nimmt die Keule aus dem Effig und läßt sie in dieser Sauce vollends weich kochen.

7. Kalbskeule in der Natursauce.

In einer Casserole macht man ¹⁄₁₀ ℔ Butter heiß, gibt geschnittenes Grünzeug, 2 Zwiebeln, das Fleisch, ½ Citrone, 1 Lorbeerblatt und 2 Pfefferkörner hinein, legt 1½ ℔ gesalzene Kalbskeule darauf, wendet sie fleißig um und dünstet sie so lange, bis die Zwiebeln braun werden. Man gießt langsam heiße Bouillon nach und zwar nur immer soviel, daß eine kurze Sauce in der Casserole bleibt, in welcher man die Keule in 1—1½ Stunden gar kocht.

8. Kalbsvögel mit Sauce aux fines herbes.

Von einer Kalbskeule schneidet man 3 handgroße Stücke, die man klopft, salzt und pfeffert; das Brat von frischer Wurst wird mit 1 ganzen Ei und 1 in Milch geweichten, fest ausgedrückten Aleuronatweißbrot vermengt, die Kalbsschnitten gleichmäßig damit be= strichen, zusammengerollt und mittels Bindfadens in dieser Form festgehalten. Man brät sie in heißer

Butter auf beiden Seiten braun, staubt 1 Kaffeelöffel voll Aleuronatmischung daran, fügt 1 Eßlöffel voll fein gewiegter Kerbelkräuter, 1 Weinglas Suppe und ebensoviel Weißwein hinzu und läßt die Kalbsvögelchen gar kochen.

9. Frikandeau von Kalbfleisch.

Man schneidet vom Schlegel 2—3 handgroße Stücke, klopft, salzt und pfeffert sie, spickt sie mit recht feinen Speckstreifen, bestreicht sie mit einer Farce von gehacktem Fleisch, unter das 1 in Milch geweichtes, fest ausgedrücktes Aleuronat-Weißbrot gemengt worden und klebt entweder mittels Eiweiß 2 Flecke aufeinander oder bindet sie gerollt zusammen. $1/_{10}$ ℔ Butter erhitzt man in der Omelettenpfanne, brät die Frikandeaux auf beiden Seiten hellbraun, staubt sie mit 1 Kaffeelöffel voll Aleuronatmischung und gießt nach 10 Minuten etwas Bouillon nach; man kann auch einige Pilze und fein geschnittenes Kalbsbries mitschmoren lassen.

10. Farcierter Braten.

1 ℔ Filet oder Rippenstück vom Rinde häutet man ab, hackt das Fleisch samt dem daran befindlichen Fett, 1 Zwiebel, ein paar Citronenschalen und 1 Zahn Knoblauch sehr fein, mischt 1 in Wasser geweichtes und ausgedrücktes Aleuronatweißbrot darunter, salzt und pfeffert die Masse, formt Karbonaden daraus, wendet sie in Aleuronatmischung um und backt

sie in heißem Schmalz oder Fett sehr rasch auf beiden
Seiten braun. Das Fleisch muß saftig bleiben und
wird beim Anrichten mit Citronensaft beträufelt.

11. Mailänder Rinderbraten.

2 ℔ Filet häutet man ab und legt es 2 Tage
in halb Rotwein, halb Essig, der siedend über das
Fleisch gegossen werden muß, stellt es zugedeckt an
einen kühlen Ort und wendet es täglich um. Der
Boden einer Casserole wird mit Speck=, Schinken=
und Kalbfleischscheiben bedeckt, das mit feinen Speck=
streifen gespickte, gesalzene und gepfefferte Fleisch darauf
gelegt, mit 50 gr zerlassener Butter übergossen und
$1/_2$ Stunde gebraten. Nun gibt man $1/_8$ Ltr. beste
Bouillon, $1/_2$ Weinglas voll von der Beize und eben=
soviel Rotwein daran und dämpft den Braten vollends
gar. — Inzwischen dämpft man $1/_2$ Ltr. gute Pilze
und siedet $1/_8$ Ltr. Stachys tuberifera in Salzwasser
(siehe Gemüse); wenn der Braten in Scheiben zer=
legt, jedoch zu seiner ursprünglichen Form wieder
zusammengesetzt ist, übergießt man ihn mit der Sauce
und ordnet abwechslungsweise Pilze und Stachys
ringsherum. Er muß sehr heiß serviert werden.

12. Grillierte Kalbsfüße.

2 in Salzwasser sehr weich gesottene Kalbsfüße
wendet man in 1 abgeklopften Ei und in Aleuronat=
mischung um und bratet sie in $1/_{10}$ ℔ heißer Butter
braun. Nun macht man in $1/_{10}$ ℔ Butter mit 1

Kaffeelöffel voll Aleuronatmischung eine gelbe Mehlschwitze, gibt 1 gehackte Zwiebel, Citronenschale, einige
Kapern, Petersilie, Pfeffer und Salz dazu, löst sie
mit Bouillon und 1 Weinglas voll Weißwein auf,
läßt die Sauce gut kochen und seiht sie beim Anrichten über die Kalbsfüße.

13. Kalbsfußsülze.

In einer Casserole bringt man 1 Ltr. Wasser,
1 Ltr. Essig nebst Salz und 4 Pfefferkörnern zum
Sieden, gibt 4 halbierte Kalbsfüße, 2 Zwiebel, 1 Lorbeerblatt und 1 Citronenscheibe hinein und läßt alles
so lange kochen, bis das Fleisch von den Knochen
fällt; man nimmt es heraus und seiht die Flüssigkeit
durch ein starkes, reines Tuch, auf welches man 1
Bogen Filtrirpapier legt, in eine Porzellanschüssel und
gibt das von den Knochen gelöste und grob geschnittene
Fleisch der Kalbsfüße hinein; wenn die Sülze fest ist,
stürzt man sie auf eine runde Platte, deren Rand
man mit Wursträdern und Scheiben von harten Eiern
verziert.

14. Kalbsgoulasch.

1 ℔ Kalbsschlegel wird abgehäutet und in kleine
Stücke geschnitten. In einer Casserole läßt man $^1/_{10}$
℔ Butter oder Fett heiß werden, gibt das Fleisch
hinein, salzt es genügend, pfeffert es etwas, streut
2—3 fein gehackte Zwiebel und 1 Eßlöffel voll ebensolcher Petersilie darauf und schmort es zugedeckt $^1/_4$

Stunde lang; schließlich gießt man 1 Quart Bouillon daran, in der das Goulasch gar gekocht wird.

Als Ersatz für Kartoffelscheiben, die Zucker= kranken und Fettleibigen strenge verboten sind, kann man 3—4 Eßlöffel voll gedünsteter Pilze, oder eben= soviel Stachys tuberifera $\frac{1}{2}$ Stunde vor dem An= richten beimengen.

15. Brisoletten von Kalbfleisch.

$\frac{1}{2}$ ℔ Kalbsbratenreste wiegt man mit 20—30 gr Speck, vermengt das Gewiegte mit 2 Eßlöffel voll saurer Sahne, Pfeffer, Salz, Citronenschalen und 1 Ei und gibt soviel Aleuronatmischung darunter, daß man mittelgroße Kugeln formen kann, die man in heißer Butter oder Schmalz braun bäckt.

16. Gedämpftes Kalbsherz.

Das Herz wird der Länge nach geteilt, doch so, daß die beiden Teile aneinander hängen bleiben; als= dann salzt und pfeffert man dasselbe und spickt es reichlich mit geräuchertem Speck. Der Boden einer Beefmaschine oder hermetisch schließenden Casserole be= deckt man mit Speckscheiben, streut 1 Kaffelöffel voll gewiegter Petersilie, 2—3 fein geschnittene Zwiebeln und 1 Prise Citronenschalenstaub darauf, gießt 1 Wein= glas voll Bouillon daran und dünstet nun unter festem Verschluß das Herz darin $\frac{3}{4}$ Stunden lang. Man sieht 1—2 mal nach und kann, wenn die Sauce ein=

gekocht ist, noch Bouillon daran geben. Beim An=
richten träufelt man den Saft ½ Citrone darüber
und serviert in der Maschine.

17. Kaltes Essigfleisch.

1 ℔ Kalbsschlegel oder ausgelöste Schulter legt
man in eine Porzellanschüssel, gibt Salz, Pfeffer, 3
bis 4 zerschnittene Zwiebeln, 1 Lorbeerblatt und einige
Citronenschalen dazu und übergießt das Fleisch mit
soviel Essig, daß dieser 3 Finger hoch darüber steht.
Nach 2 Tagen siedet man dasselbe darin weich, läßt
es erkalten und gibt es als Aufschnitt zu Tische. In
dem Essig darf man nur 3—4 Blätter Gelatine
auflösen und 1 Quart Bouillon beigeben, dann gibt
es guten Aspik.

18. Kalbsfleischrouladen.

Diese werden nach Rezept Nr. 8 bereitet. Statt
Sauce aux fines herbes rührt man 1 Weinglas
voll saurer Sahne mit 1 Theelöffel voll Aleuronat=
mischung, etwas Essig und Bouillon an die Butter,
in der die Rouladen geschmort wurden, läßt diese
Sauce ½ Stunde lang kochen und begießt das Ge=
richt damit beim Servieren.

19. Gedämpfte Kalbsleber.

Siehe Rezept Nr. 6, Abhandlung Wildpret:
Gespickte Rehleber.

20. Braun gedünsteter Kalbsrücken.

2 ℔ Fleisch vom Kalbsrücken (Grab) hackt man in 8—10 Stücke, zieht sie zuerst durch kaltes Wasser, dann, nachdem jedes Stückchen gesalzen und gepfeffert worden, durch eine Aleuronatmischung und backt das Fleisch in heißer Butter braun. In einer Casserole bringt man ½ Ltr. Essig und ½ Ltr. Suppe zum Sieden, legt das gebackene Fleisch hinein und kocht es solange, bis sich das Mehl ablöst und das Fleisch weich ist. Auf einer heißen Platte arrangiert, seiht man diese Sauce durch ein Haarsieb über das Fleisch.

21. Gebratene Kalbszunge.

Die Kalbszunge wird mit dem Suppenfleisch weich gesotten, alsdann abgehäutet, in 2 Hälften geteilt, gesalzen, gepfeffert und in zerschlagenem Ei und Aleuronatmischung umgewendet. In einer Omeletten= pfanne erhitzt man ¹⁄₁₀ ℔ Butter, schmort darin die Zunge goldgelb und stellt sie in einer zugedeckten Schüssel auf Dampf. In der Butter läßt man ½ Theelöffel voll Aleuronatmischung gelb anlaufen, gibt einige Kapern, Citronensaft und ½ Quart Bouillon daran und seiht diese Sauce nach viertel= stündigem Kochen über die Kalbszunge.

22. Schweinebraten.

Das gut gewaschene Schweinefleisch wird ge= salzen und gepfeffert, die Schwarte mit einem scharfen Messer in Streifen oder Quadrate zerschnitten, mit etwas Kümmel bestreut und in eine Bratpfanne gelegt, in die man 2—3 Zwiebel und ein wenig Bouillon gegeben. Unter fleißigem Begießen der Schwarte, die immer oben sein muß, brät man das Fleisch gar und gibt es zu Sauerkohl oder grünem Salat.

23. Gedämpfte Schweinsrippen.

In einer nicht zu großen, etwas tiefen Casserole läßt man 2 Finger hoch halb Essig, halb Fleischbrühe mit Zwiebeln, Lorbeerblatt und Pfefferkörnern siedend werden, gibt 2—3 gesalzene, abgeschwartete Schweins= rippen hinein, deckt die Casserole zu und läßt die Flüssigkeit ganz eindämpfen. Während dessen rührt man 3—4 Eßlöffel voll saurer Sahne mit 1 Kaffee= löffel voll Aleuronatmischung ab, gießt dies über die Rippen, schmort sie so lange, bis die Sahne gelb ist, gibt 1 Quart heißes Wasser daran und kocht das Fleisch darin weich. Beim Anrichten wird es mit der Sauce übergossen.

24. Gefüllte Schweinsbrust.

Von 2 ℔ Schweinsbrust löst man die Knochen aus, untergreift sie und befreit sie von allem an= haftenden Fett. Letzteres wird 10 Minuten lang in siedendes Salzwasser gelegt und hierauf in feine Würfel geschnitten. 3 Eßlöffel voll zerlassener Butter werden mit 2 ganzen Eiern schaumig gerührt, $1/_5$ ℔ gewiegte Kalbsleber, ebensolche Zwiebel, Petersilie und Citronen= schalen, die Speckwürfel und 4 Eßlöffel voll Aleuronat=

mischung nach und nach darunter gemengt, gesalzen und gepfeffert und in die ebenfalls gesalzene Brust gefüllt; diese näht man zu und brät sie unter fleißigem Begießen in ¹/₁₀ ℔ Butter in 1¹/₂ Stunden gar.

25. Saures Eisbein,

oder Keulenstück vom Schwein wird nach Rezept Nr. 6, Saure Kalbskeule, bereitet.

26. Gefülltes Eisbein.

Man hackt das Eisbein, an dem der ganze Fuß bleiben muß, so hoch oben ab, daß es mit diesem ungefähr 3 ℔ wiegt und läßt so viel als möglich, vielleicht 3 Finger breit, die Schwarte noch vorstehen, damit man das Bein, wenn es gefüllt ist, gut zu= nähen kann. Der Knochen und das Fleisch werden ausgelöst, letzteres mit etwas Majoran, Petersilie, Knoblauch und Zwiebel gehackt, gesalzen und ge= pfeffert und wieder in die Schwarte gefüllt. Gut zugenäht pökelt man das Eisbein 5—6 Tage lang (siehe Pökelzunge Rezept Nr. 49), läßt es räuchern und kocht es wie Schinken. Man kann es auch in der Pökelbrühe gar kochen und warm oder kalt zu Tische geben.

27. Sauerbraten.

2 ℔ abgeschwartetes Schweinefleisch legt man 3—4 Tage unter Zugabe von Zwiebeln, Salz, Pfeffer und Lorbeerblatt in Essig. Vor der Zubereitung spickt man es mit geräuchertem Speck, belegt den Boden

der Bratpfanne mit der abgezogenen, ebenfalls gebeizten Schwarte, gibt etwas Kümmel und Kapern dazu und brät das Fleisch alsdann unter Begießen mit 1 Weinglas voll saurer Sahne und entsprechend Bouillon gar.

28. Schweinefleisch mit Weinkohl.

Weinkohl oder Sauerkohl kocht man tagsvorher gar nach Rezept Nr. 16, Abtheilung Gemüse. Den nächsten Tag salzt man 4—5 Schweinsrippen leicht ein, legt sie in die Casserole zum Kohl und kocht sie darin weich. Sie müssen öfters umgewendet werden; wenn die Brühe des Kohles zu sehr eingekocht ist, gibt man noch Bouillon nach.

29. Imitierter Lachsschinken.

Man löst das Filet dicht am Rückgrat ohne Knochen aus; es ist dies ein hellroter, langer Streifen, bei einem mittelgroßen Schwein ungefähr ³/₄ m lang. Dieses Stück reibt man mit 1 Messerspitze voll Salpeter und einer Hand voll Salz ein, legt es in einen steinernen Topf und begießt es 5—6 Tage lang täglich mit der sich bildenden Lake. Danach wird das Fleisch abgetrocknet, in Pergamentpapier gewickelt und 6—8 Tage geräuchert. Man ißt es roh und es hat seiner hellroten Farbe wegen Aehnlichkeit mit Lachsschinken.

30. Rindsbraten.

2 ℔ Ochsenfleisch bester Qualität übergießt man mit halb Essig, halb Rotwein (siehe erlaubte Getränke,

(365 Speisezettel bei J. F. Bergmann, Wiesbaden) und zwar kochend, deckt es zu und läßt es 2—3 Tage lang stehen; man muß es jedoch täglich wenden.

Zum Braten spickt man das Fleisch, nachdem es gesalzen und gepfeffert wurde, belegt eine Bratpfanne mit Speck, legt es darauf und übergießt es mit 30 gr zerlassener Butter. Nach ungefähr ³/₄ Stunden gibt man 1 Quart halb Bouillon, halb Beize darüber und dämpft den Braten unter fleißigem Begießen vollends gar.

31. Rostbraten.

Man lasse sich von einem altgeschlachteten Rinde fingersdicke Rostbeefscheiben schneiden, klopfe dieselben tüchtig, reibe sie mit Salz und Pfeffer ein und brate sie schnell auf beiden Seiten schön braun. Danach thue man Zwiebel, Sellerie, Lorbeerblatt und Citronenschalen, etwas Pilze, frische oder getrocknete, und soviel kochendes Wasser hinzu, daß die Fleischscheiben knapp damit gleich stehen. Das Gericht wird zugedeckt und 2—2¹/₂ Stunden lang geschmort, wobei hin und wieder die Casserole geschüttelt wird. Zuletzt gebe man an die Sauce 1 Kaffeelöffel voll Aleuronatmischung, um dieselbe dicklich zu machen.

32. Englischer Braten.

1¹/₂ ℔ Schweinefleisch und ¹/₂ ℔ Rindfleisch, Citronenschalen und Zwiebel hackt man fein, gibt 4 Eßlöffel voll Aleuronatmischung, Pfeffer, Salz und

3 ganze Eier dazu, verarbeitet alles zu einer Farce und formiert eine längliche Wecke, die man spickt; alsdann wird dieser Braten unter fleißigem Pinseln mit 1 Tassenkopf voll Bouillon, 1 Stunde lang in einem gutgeheizten Ofen gebraten.

33. Gedämpftes Rindfleisch.

In einer Casserole läßt man $\frac{1}{10}$ ʊ Fett oder Butter heiß werden, gibt sowohl zerschnittenes Grün= zeug als 2 große Zwiebeln, 1 Lorbeerblatt, 2 Pfeffer= körner, 12 St. Kapern und ein paar Citronenschalen hinein, legt 1 ʊ Ochsenfleisch darauf, bestreut es mit 3 St. gewaschenen und geschnittenen Sardellen und dämpft es $\frac{1}{2}$ Stunde. Das Fleisch darf wegen der Zugabe von Sardellen vorerst nicht gesalzen werden, aber wenn es nötig ist, schmeckt man die Sauce vor dem Garkochen noch mit Salz ab. Während des Schmorens übergießt man das Fleisch mit einem Tassenkopf voll saurer Sahne und gibt nach und nach soviel heißes Wasser dazu, als man Sauce wünscht, $\frac{1}{2}$ Stunde vor Tisch zerlegt man das Fleisch und kocht es noch weich.

34. Beefsteak.

Man schneidet von 1 ʊ rohem Lendenfleisch zwei dicke Stücke, klopft sie mit dem Messerrücken, salzt und pfeffert sie. In eine Omelettepfanne gibt man $\frac{1}{10}$ ʊ Butter oder Fett, läßt darin eine Hand voll fein geschnittener Zwiebel gelb werden, bratet die Beef=

steaks auf beiden Seiten braun darin, staubt sie mit 1 Kaffeelöffel voll Aleuronatmischung, gießt ganz wenig leichte Bouillon daran und gibt sie nach einer Kochzeit von 10 Minuten auf heißer Platte zu Tisch. Man reicht gebackene Eier dazu.

35. Beefsteak in Dampf gekocht.

In der Bodengröße der für 1 Person berech= neten Nickelbeefmaschine schneidet man ein fast 2 Finger dickes Stück Lendenfleisch, ungefähr $^1/_2$ ℔, klopft, salzt und pfeffert es und träufelt auf beiden Seiten Ci= tronensaft darauf. In der Maschine läßt man 2 Eßlöffel voll zerlassener Butter oder Fett heiß werden, bräunt 2 fein geschnittene Zwiebeln darin und gießt 3 Eßlöffel voll Bouillon daran. 10 Minuten vor dem Anrichten gibt man das Beefsteak hinein und läßt es, ohne nachzusehen, fest zugedeckt im Dampf gar kochen. Da Nickelmaschinen nur auf heißer Ofen= platte stehen dürfen, kann man auch im Zimmerofen dieses Beefsteak bereiten.

36. Boeuf à la mode.

1 ℔ nicht zu fettes Ochsenfleisch legt man 3—4 Tage in halb Wasser, halb Essig, nebst Salz, 2 Pfefferkörnern, klein geschnittenem Grünzeug und 2 Zwiebeln. Man vermeide hier die Zugabe von Lor= beerblatt, Wachholderbeeren und Citronenscheibe, weil diese drei Gewürze eine braune Sauce von Aleuro= natmischung bitter machen. Am Gebrauchstage läßt

man in einer Casserole $^1/_{10}$ ₰ Butter oder Fett heiß werden, röstet darin 3—4 Eßlöffel voll Aleuronat=mischung, rührt diese Mehlschwitze mit Beize und, damit die Sauce nicht zu sauer wird, mit Bouillon ab und läßt das Fleisch darin $1^1/_2$—2 Stunden kochen.

37. Ungarischer Hase.

Ein Stück Rindsfilet von der Länge und Stärke eines Hasenrückens häutet man ab und beizt es 2 bis 3 Tage wie Wildpret ein. Vor Gebrauch wird es gesalzen, gepfeffert und mit frischem oder geräucher=ten Speck dicht gespickt, wobei zu beachten ist, daß es die Form des Hasenrückens behält, was man durch Umwickeln mit feinem Bindfaden bezwecken kann. Wenn der Boden der Bratpfanne mit Speck belegt ist, gibt man das Fleisch nebst ein paar Zwiebeln hinein und brät es unter fleißigem Begießen mit Bouillon 2 Stunden lang im mäßig geheizten Ofen.

38. Saft= oder Lendenbraten.

Wenn das Fleisch — 1 ₰ Lende — abgehäutet, gesalzen und gepfeffert ist, gibt man es mit etwas Grünzeug, Zwiebel und $^1/_{10}$ ₰ Butter in die Brat=pfanne und gießt 1 Quart Mischung von Suppe, Essig und Wein dazu. Sobald der Braten diese Flüssigkeit in sich aufgenommen hat, läßt man ihn Farbe annehmen, staubt ihn alsdann mit 1 schwachen Eßlöffel voll Aleuronatmischung und gießt nach und nach abermals 1 Quart halb Waffer, halb Wein nach, in welcher Sauce nun das Fleisch gar kocht. Bratezeit 1¹/₂ Stunden.

39. Grillirtes Rindfleisch.

Mundgerechte rohe Fleischstücke werden erst in Ei, dann in Aleuronatmischung, welche etwas gesalzen wurde, umgekehrt und in heißer Butter braun gebraten, auf heißer Schüssel mit Champignon= oder Trüffelsauce (siehe Saucen) übergossen und mit geschmorten Stachys garniert. (Siehe Gemüse.)

40. Elefanten= oder Rindfleischwurst.

Je ¹/₂ ℔ feingehacktes Ochsen= und Schweinefleisch mengt man mit 4 Eßlöffeln voll Aleuronatmischung, 2 ganzen Eiern, Salz, Pfeffer, Petersilie und 2—3 in Butter gerösteten, gehackten Zwiebeln gut durcheinander, knetet alles mit 1 Tasse Milch zu einem glatten Teig und gibt ihm die Form einer Wurst; nun kehrt man sie in Aleuronatmischung um und brät die Wurst 1 Stunde lang in der Bratpfanne, unter Zugabe von etwas Butter, Essig, Zwiebeln und 1 Weinglas voll saurer Sahne auf beiden Seiten braun.

41. Rindfleisch=Ragout.

Gekochtes Rindfleisch wird in zierliche Scheiben geschnitten, in übriger Bratensauce, oder einer solchen aus Consommé, die man mit Citronensaft abschmeckte, heiß gemacht, einige gedünstete Pilze, Kapern und

Perlzwiebel damit ½ Stunde lang gekocht und dann mit in Butter gerösteten Aleuronat-Weißbrotschnitten und halben, harten Eiern verziert; auch gekochte Stachys oder Schwarzwurzeln und Spargel kann man noch hierzu verwenden.

42. Hammelkeule.

Der Knochen der Keule wird, ohne diese zu ver= letzen oder zu öffnen, vorsichtig ausgelöst; das Fleisch häutet man ab, befreit es von allen, auch den kleinsten Fettteilen und reibt es mit Salz und Pfeffer ein. So vorbereitet, legt man die Keule in einen steinernen Topf und übergießt sie mit soviel Beize und dem üblichen Gewürz, daß die Flüssigkeit darüber steht. Zum Gebrauch wird sie ebenso gespickt und behandelt, wie Rehkeule (siehe Rezept Nr. 1 Wildpret.) Recht schmackhaft und kaum von Rehfleisch zu unterscheiden ist Hammelfleisch, wenn man es nach Verwendung des Rehbratens in dieselbe Beize legt und dort einige Tage läßt; es bekommt dadurch feinen Wildgeschmack.

43. Hammel= und Lammskoteletten

werden wie Kalbsrippen nach Rezept Nr. 4 bereitet.

44. Milzwurst.

Eine große Kalbsmilz wird mit einem vorne abgerundeten Messer derart untergriffen, daß sie an einem Ende nicht geöffnet wird, sondern gewendet, also die glatte Seite nach innen, als Wurstdarm benutzt werden kann. Als Füllsel schneidet man ein Kalbsbries, ¹/₅ ℔ mageres Schweinefleisch und ¹/₅ ℔ Kalbfleisch in dünne lange Streifen, ordnet sie ab= wechslungsweise auf ein Stück Netzhaut, das der Länge der Milz entsprechend, jedoch 3 mal so weit sein muß, streut Salz und Pfeffer darüber, sowie gewiegte Petersilie, Majoran und 2 Zwiebel, wickelt das Netz zusammen, schiebt diese Fülle in den Milz= darm, bindet ihn oben zu und siedet die Wurst 1¹/₂ Stunden im Suppentopf. In Scheiben geschnitten, ist sie als Beilage zu Gemüse oder Aleuronat=Schwarz= brotsuppe, sowie als selbständige Speise mit grünem Salat vorzüglich.

45. Fleischpudding.

Dieser wird von Suppenfleisch unter Beigabe eines kleinen, gut gewaschenen und nach sorgfältiger Reinigung entgräteten und feingewiegten Härings nach Rezept Nr. 8, Wildpret, Pudding von Rehfleisch, bereitet.

46. Fleischsalat.

Hierzu kann man Bratenreste aller Art, selbst= verständlich auch von Geflügel verwenden. 1 ℔ mund= gerecht geschnittene Fleischstückchen ordnet man auf dem Boden einer flachen, großen Salatschüssel in Stern= form und füllt die Zwischenräume mit nachfolgenden Ingredienzen geschmackvoll aus: kleine Stückchen ge= kochtes Kalbsbries, 2—3 Champignons, Kopfsalat=

herzchen, Eierräder, halbierte und gerollte Salzsardellen oder Oelsardinen und hartgesottenes, gewiegtes Eigelb und Eiweiß: alsdann übergießt man das Ganze mit Mayonnaise, siehe Rezept Nr. 6, Abteilung Saucen.

47. Muschelragout.

1 blanchiertes, abgehäutetes Kalbsbries wird mit 2 Stück gut gewässerter und gereinigter Salzsardellen und 6—8 Kapern fein gewiegt. In einer kleinen Casserole läßt man 4 Eßlöffel voll zerlassener Butter heiß werden, macht von 1 Eßlöffel voll Aleuronat= mischung eine Mehlschwitze, rührt das Gewiegte dar= unter, gießt nach 10 Minuten soviel beste Bouillon daran, daß es ein dickes Haschee wird und läßt es noch $\frac{1}{4}$ Stunde lang kochen. Zehn Minuten vor dem Anrichten füllt man die Speisemuscheln mit dem Ragout, legt obenauf ein kleines Stückchen Butter und stellt die Muscheln einige Minuten auf einem Kuchenblech in das Bratrohr.

48. Muschelragout mit Krebsfleisch.

Dieses wird nach Rezept Nr. 47 bereitet mit dem Unterschied, daß zur Zubereitung Krebsbutter ver= wendet und das Ragout in den Muscheln mit Krebs= fleisch garniert wird.

49. Pökelzunge.

Eine Ochsenzunge wird sauber gewaschen und mit Salpeter (für 5 Pfge.) abgerieben. Unterdessen setzt man 2 Ltr. reines Wasser über Feuer, löst in demselben

1 g Kochsalz auf, gibt 2 Pfefferkörner dazu und läßt es gut heiß werden. Die Zunge legt man in einen steinernen Topf, streut einige Zwiebeln, Citronenmark, Lorbeerblatt und 10—12 Wachholderbeeren darüber und übergießt sie mit dem wieder erkalteten Salzwasser, in welchem sie 10—12 Tage lang mit einem reinen Brettchen und Stein beschwert und täglich umgewendet werden muß. Nach oben genannter Zeit kocht man die Zunge in dieser Lake mit all dem Gewürz 3 Stunden lang, zieht, solange sie noch warm ist, die Haut ab und gibt sie entweder warm oder kalt zu Tisch.

50. Gebratene Rindszunge.

Die Zunge wird fast weich gesotten, also ungefähr 2 Stunden lang, dann abgehäutet und in feine Scheiben geschnitten. In einer Bratpfanne macht man $1/4$ Ltr. Essig und $1/4$ Ltr. Bouillon siedend, legt die Zungenscheiben der Reihe nach hinein und dünstet sie im Bratrohr, unter allmäliger Zugabe von $1/4$ Ltr. saurer Sahne, noch 1 Stunde lang. Sie wird auf tiefer Platte serviert und die Sauce darüber geseiht.

51. Fleischomelette.

Nach Rezept Nr. 8 (siehe Bäckereien und Mehlspeisen) wird eine Omelette gebacken, mit folgender Farce bestrichen, alsdann zusammengerollt und heiß serviert:

$1/5$ g Fleischreste wiegt man mit Citronenschalen,

1 Zwiebel und Petersilie fein, dünstet es in einer
leichten Schwitze von Butter und Mehronatmischung
und gibt etwas Citronensaft und soviel Bouillon
dazu, daß es ein dickflüssiger Brei ist. $^1/_4$ Stunde
Kochzeit.

52. Haschee mit Spiegelei.

Von $^1/_2$ ℔ Fleischresten wird unter Zugabe von
1 Weinglas voll Weißwein ein Haschee nach Rezept
Nr. 51 gekocht und auf einem heißen Teller, um 1
gebackenes Ei herum arrangiert. Man verziert es
auf der Oberfläche mit Stückchen von gesottenem
Hirn oder Bries.

53. Kaltes Fleisch mit Gêlee.

Sehr schmackhaft ist hierzu kaltes Huhn oder
Reste von Gänsebraten. In einer kuppelförmigen
Glas= oder Porzellanschale läßt man 2 Finger hoch
reine Kalbsfußgallerte fest werden, belegt sie ringsum
mit Gurkenscheiben und solchen von harten Eiern,
deckt die Mitte reichlich mit flach geschnittenen Fleisch=
resten, gibt wieder Gallerte darüber, läßt sie abermals
fest werden und fährt so fort bis die Form voll ist.
Nach vollständigem Erstarren wird das Gêlee gestürzt
und man kann den Rand der Platte nach Belieben
garnieren.

54. Fleischkarbonaden.

1 ℔ gesottenes Ochsenfleisch wiegt man mit 1
Zwiebel, Citronenschale und Petersilie fein; in einer

Schüssel rührt man 2 ganze Eier schaumig, gibt 3 Eßlöffel voll Aleuronatmischung und das Gewiegte darunter, feuchtet es mit 3 Eßlöffeln voll Milch an und formt 8 Karbonaden daraus, nachdem die Farce gesalzen und gepfeffert ist. In einer Eierpfanne mit 8 Rundungen macht man in jeder derselben 2 Eß= löffel voll Butter heiß, gibt die Karbonaden hinein und backt sie auf beiden Seiten braun.

55. Ochsenmaulsalat.

Eine billige und sehr nahrhafte Speise bilden Ochsenmaul und Ochsenfuß, welche in Salzwasser weich gesotten werden müssen. Man entfernt dann alle haarigen Hautstellen und Knorpeln, schneidet mit scharfem Messer feine, zierliche Scheiben und mischt sie in einer Schüssel mit Provence=Oel und gutem Essig, Pfeffer und Salz recht tüchtig durcheinander. Man läßt den Salat 1 Stunde lang stehen und richtet ihn nun erst in die zum Anrichten bestimmte Schüssel, belegt die Oberfläche mit Zwiebelscheiben und garniert den Rand mit hartgesottenen Eierstückchen.

56. Garniertes, kaltes Fleisch.

Recht saftiges, gesottenes, kaltes Ochsenfleisch, welches mit einem Fettrande umgeben sein soll, auch kalter Braten oder Geflügel, wird auf dem Boden einer nicht zu kleinen Platte geordnet und mit solchen kalten Beilagen verziert, welche in den unter Gemüse erlaubten Speisen (siehe 365 Speisezettel, Verlag von J. F. Bergmann, Wiesbaden) genannt sind. Hierzu gehören Spargel, Schwarzwurzeln, Stachys, Brunnen= kreffe ꝛc. ꝛc. Als Salat angemacht, ordnet man der= artige Gemüse in kleinen Häufchen rings um das Fleisch, wechselt mit Salatherzchen, Scheiben von Rotrüben und Eiern ab, so daß das Ganze ein farbenreiches, appetitreizendes Gericht bildet.

57. Hirnpasteten.

1 gut gewäffertes und abgehäutetes Kalbshirn wird mit ein paar Citronenschalen und Peterfilie fein gewiegt. 2 ganze Eier rührt man mit 3 Eßlöffeln voll Aleuronatmischung ab, gibt das gewiegte Hirn darunter und bereitet es weiter nach Rezept Nr. 54.

58. Bayrisches Bichelsteinerfleisch.

Nachfolgende Zubereitung weicht von jener des echt bayrischen Bichelsteinerfleisches nur in der Art ab, daß man statt der den Zuckerkranken und Fett= leibigen verbotenen Kartoffeln, Pilze oder Stachys verwendet. Es gehört eine von Weißblech gefertigte Bichelsteinermaschine dazu, die mittels eines seitwärts angebrachten Griffes gewendet werden kann und sind solche stets vorrätig bei Hofspenglermeister Schreiber in München.

500 gr frische, abgehäutete Rindslende wird in Würfel geschnitten; 10—12 Steinpilze oder Cham= pignons reinigt man und schneidet sie in Scheiben, ebenso 2 große Zwiebeln und 100 gr frisches Ochsen=

mark. 3 Eßlöffel voll zarteste Petersilie, fein ge=
wiegt, mengt man mit 1 Eßlöffel voll ebensolchen
Selleriekrautes. Den Boden der Maschine belegt
man mit Markscheiben, gibt eine Lage Fleisch darauf,
das man salzt und pfeffert und mit einem Teil des
gewiegten Grünzeugs bestreut, alsdann kommt 1 Lage
Pilze oder Stachys, die jedoch ebenfalls ungekocht
sein müssen, und deckt wieder mit Markscheiben. In
dieser Reihenfolge wiederholt man die Schichten und
schließt mit Mark ab. Auf dem beigegebenen Rechaud
wird das Gericht ½ Stunde lang gekocht, nach ¼
Stunde jedoch wendet man die Maschine, damit die
Speise gleichmäßig fertig wird.

59. Huhn am Spieß gebraten.

Wenn das Huhn rein geputzt, gesalzen und ge=
pfeffert ist, legt man es innen mit einem Stück
Butter und Petersilie aus und bringt es an den
Spieß einer Spießmaschine (zu haben im Schüssel=
bazar, München) recht vorsichtig und dreht es langsam
unter fleißigem Begießen, damit das Huhn kein Brand=
mal bekommt. Es muß sehr heiß serviert werden.

60. Gebratenes Huhn.

Vorbereitet wie das Spießhuhn, gibt man es in
eine Bratpfanne, in der ¹/₁₀ ℔ Butter in ¹/₈ Ltr.
Bouillon erhitzt wurde und bratet es unter fleißigem
Begießen und Streichen mit Butter schön hellbraun.
1 Stunde Bratzeit.

61. Eingemachtes Huhn.

Man zerlegt ein Huhn in 8 Teile, wässert es aus und schmort es ¼ Stunde lang in ⅕ ℔ heißer Butter; alsdann staubt man 2 Eßlöffel voll Aleuronatmischung daran, gibt etwas fein gehackte Petersilie und ein paar Citronenschalen dazu, gießt nach 5—6 Minuten 1 Weinglas voll Weißwein, sowie gute Bouillon daran zu einer nicht zu dünnen Sauce und läßt das Huhn, nachdem es mit Citronensaft, Pfeffer und Salz abgeschmeckt ist, 1 Stunde lang kochen.

62. Huhn im Blut gedünstet.

In einen Tiegel bringt man ½ Ltr. Bouillon, ¼ Ltr. Wasser und ¼ Ltr. Essig unter Beigabe von Pfeffer, Salz, Zwiebel, Petersilie und Lorbeerblatt zum Sieden, gibt ein in 8 Teile zerlegtes Huhn hinein und kocht es halb weich. Während dessen rührt man 1 Eßlöffel voll Aleuronatmischung mit dem beim Abstechen des Huhnes gewonnenen Blute und 1 Eßlöffel voll Essig zu einem dicken Brei, rührt diesen langsam an die kochende Hühnersauce und dünstet das Huhn darin weich.

63. Huhn auf Bichelsteinerart.

Von einem jungen Huhn wird das Fleisch mit scharfem Messer abgelöst und nach Rezept Nr. 58 behandelt.

64. Hühnerhaschee.

Ein altes, weich gekochtes Huhn befreit man von Knochen und Haut und wiegt es fein mit Petersilie. In $^1/_{10}$ ₰ heißer Butter dünstet man das Gewiegte, ohne es zu bräunen, staubt 1 Eßlöffel voll Aleuronatmischung daran, gibt den Saft $^1/_2$ Citrone und $^1/_4$ Ltr. Bouillon dazu und läßt es noch $^1/_2$ Stunde lang kochen.

65. Gefüllte Taube.

2 Eßlöffel voll zerlassener Butter werden mit 1 ganzen Ei gut abgerührt, das mit Petersilie und Citronenschalen gewiegte Herz, sowie Leber und Magen der Taube daruntergegeben, ebenso 1 abgerindetes, in Milch geweichtes und gut ausgedrücktes Aleuronat-weißbrot, gesalzen, gepfeffert und in die vom Halse aus untergriffene Brusthaut der Taube gefüllt. Nachdem der Hals zugebunden wurde, legt man die Taube 10 Minuten in den Suppentopf und läßt sie langsam kochen. Nun erst wird sie zum Braten vorgerichtet, gesalzen, gepfeffert, innen mit Butter belegt und mit reichlich solcher in der Bratpfanne unter fleißigem Begießen braun gebraten.

66. Gedämpfte alte Taube.

Siehe Rezept Nr. 18, Wildpret.

67. Taube in Mayonnaise.

Eine junge, gebratene, jedoch ungefüllte Taube wird zerlegt, in eine tiefe Glas- oder Porzellanschale

geordnet und mit Mayonnaise (Nr. 6, Saucen) über=
gossen. Man stellt die Schale bis zum Gebrauch
auf Eis.

68. Gebratener Indian.

Man bereitet den Indian wie jedes andere Ge=
flügel vor; auf den Boden der Bratpfanne gibt man
$1/5$ ℔ Butter, erhitzt diese mit $1/4$ Ltr. Bouillon und
legt den Indian gesalzen, gepfeffert und innen reichlich
mit Butter und Petersilie belegt, vorerst auch die
Brust hinein. Sobald er auf dem Rücken Farbe
hat, wendet man ihn um, läßt ihn unter fleißigem
Begießen auch auf der Brust bräunen, bedeckt dieselbe
jedoch bis zum Garwerden alsdann mit einer großen
Speckscheibe, damit sie nicht trocken wird. Bratezeit
$2^1/_2$—3 Stunden.

69. Ragout von Indianresten.

In einer gelben Mehlschwitze von $1/_{10}$ ℔ Butter
und 1 Eßlöffel voll Aleuronatmischung gibt man
die zerkleinerten Reste des Indianbratens hinein, be=
streut sie mit Petersilie, Zwiebeln und einigen ge=
dämpften Pilzen, gibt 1 Weinglas voll Rot= oder
Weißwein daran, sowie $1/4$ Ltr. Bouillon auf $1/_2$ ℔
Fleischreste und läßt das Ragout $1/_2$ Stunde lang
kochen.

70. Gänsebraten.

Die gut gewässerte Gans salzt und pfeffert
man 2 Stunden vor Gebrauch, legt das vorhandene

rohe Gänsefett auf den Boden der Bratpfanne und die Gans mit der Brust darauf. Nach ungefähr einstündigem Braten legt man sie auf ein Brett, gießt das ausgebratene Fett in eine Schüssel, gibt nun $^1/_4$ Ltr. Bouillon in die Bratpfanne, legt die Gans mit dem Rücken darauf und bratet sie unter fleißigem Begießen noch 1—1$^1/_2$ Stunden lang. Kurz vor dem Zerlegen gießt man über das Brustfleisch 1 Weinglas voll kaltes Wasser und schiebt die Bratpfanne noch auf 5 Minuten in das Rohr. Durch dieses Verfahren wird die Haut knusperig, was den Geschmack des Bratens bedeutend erhöht.

71. Gänseklein.

Kragen, Flügel, Herz, Magen und Leber zerlegt man in kleine Stücke und übergießt sie in einer Terrine mit $^1/_4$ Ltr. Essig und $^3/_4$ Ltr. Wasser, unter Zugabe von Salz, Zwiebel und ein paar Citronenschalen. In dieser Beize kann man das Gänseklein 2—3 Tage an einem kühlen Orte stehen lassen; am Gebrauchstage kocht man es darin weich und nachdem man in einer kleinen Casserole in 1 Eßlöffel voll warmen Fettes 3 Eßlöffel voll Aleuronatmischung mit heißem Wasser zu einem Teig gerührt und diesen an das Ragout gegeben, läßt man es noch 1$^1/_2$ Stunde langsam kochen.

72. Gänseleberwurst.

Leber und Herz einer Gans werden abgehäutet, mit 1—2 Zwiebeln, etwas Majoran und 1 Zahn

Knoblauch fein gewiegt, gesalzen und gepfeffert und 150 gr recht fettes, fein gewiegtes Schweinefleisch, sowie 1 Eßlöffel voll Aleuronatmischung tüchtig damit vermengt. Die Haut des Gänsehalses streift man vorsichtig ab, näht sie unten zu, füllt die Farce hinein und bindet die Wurst nun ebenfalls zu, legt sie in siedendes Wasser, das man zurückzieht und läßt sie darin 1½ Stunden langsam gar kochen. Erkaltet gibt sie vorzüglichen Aufschnitt.

73. Gänseleber in Dampf.

In der Beefmaschine röstet man ½ Kaffeelöffel voll Aleuronatmischung in 2 Eßlöffel voll Gänsefett gelb, gibt 3 Eßlöffel voll Bouillon, 1 Eßlöffel voll Essig und 2—3 kleine gehackte Zwiebeln daran und läßt die abgehäutete, gesalzene und gepfefferte Gans=leber, die noch mit staubfein gewiegten Citronenschalen bestreut wurde, fest zugedeckt in der Maschine auf heißer Platte 10 Minuten lang dämpfen.

74. Gänseblutwurst.

Wenn die Gans geschlachtet wird, fängt man das Blut auf und verrührt es, bis es kühl ist. Man kocht 250 gr fettes Schweinefleisch, gießt die Brühe davon über 6 Stück altgebackene, abgerindete, in Würfel geschnittene Aleuronatweißbrote, mischt das Fleisch mit dem Blute darunter, gibt reichlich Pfeffer und Salz und etwas gestoßene Nelken nebst ein wenig Majoran dazu, stellt ¹⁄₁₀ ℔ Fett aufs Feuer, bratet

obige Masse darin nebst 1 Zwiebel, und zwar so lange,
bis das Blut die rote Farbe verloren hat und füllt
sie in einen großen Wurstdarm. Diese Wurst hält
sich mehrere Tage und ist vorzüglich zu Sauerkohl;
sie kann auch 2—3 Tage lang geräuchert werden.

75. Gebratene Ente.

Man bratet eine Ente im Zeitraume von 1 bis
$1\frac{1}{2}$ Stunden genau wie eine Gans, nach Rezept
Nr. 70.

76. Zahme Ente auf Wildart.

Siehe Rezept Nr. 25, Wildpret.

77. Entenragout.

Siehe Gänseklein, Rezept Nr. 71.

78. Ragout mit Krebssauce.

Auf 1 geputzte Taube, welche man in 4 Teile
geschnitten, nimmt man $\frac{1}{5}$ ℔ Kalbfleisch und ein
kleines Kalbsbries, mengt dies, klein geschnitten, unter
die Taube, salzt das Ganze und dünstet es in $\frac{1}{10}$ ℔
Butter weich, unter Zugabe von Petersilie, Zwiebel
und Citronenschalen. Unterdessen kocht man 4 Stück
Krebse in Salzwasser, löst das Fleisch aus und legt
es einstweilen zurück; der gereinigte Körper wird samt
den Schalen gestoßen, in 40 gr heißer Butter geröstet und mit $\frac{1}{4}$ Ltr. Bouillon 1 Stunde lang
gekocht. Beim Anrichten legt man die Fleisch- und
Briesstückchen, sowie die Taube in eine tiefe Schüssel,
seiht die Krebsbrühe durch ein Haarsieb an die

Taubensauce und frikassiert alles über 1 Eidotter.
Man gießt die Sauce über das Ragout und serviert
recht heiß. Nach Geschmack kann man von ¹/₂ Citrone
den Saft darüber träufeln und den Rand der Schüssel
mit dem Krebsfleisch, gesottenem Spargel und Carfiol
garnieren.

79. Italienische Wurst.

Je ¹/₂ ℔ fein gehacktes, rohes Kalbs- und
Schweinefleisch und je ¹/₂ ℔ solches in Würfel geschnitten, werden mit 3 Stück abgerindeten, in Milch
oder Essig — nach Geschmack — geweichten und fest
ausgedrückten Aleuronat-Weißbrötchen gut vermengt.
3—4 Stück gewaschene und gereinigte Sardellen,
1 Zwiebel und ein paar Citronenschalen werden fein
gewiegt und nebst Pfeffer und Salz sowie 2 ganzen
Eiern, obiger Masse beigemengt. Man füllt sie nun
in einen entsprechend großen Darm und läßt sie in
kochendem Wasser, das die Wurst reichlich bedecken
muß, 1 Stunde langsam ziehen. Man muß sie in
diesem Wasser alsdann erkalten lassen und kann sie
8—10 Tage aufheben.

80. Gebackenes Hirn.

Gut gewässertes und abgehäutetes Kalbshirn
hängt man 8—10 Minuten lang in einem Sup-
pensieb in siedende Bouillon, gießt rasch kaltes Wasser
darüber und läßt es gut abtropfen. Nun wird es
gesalzen, gepfeffert, in zerschlagenem Ei und Aleuronat-

mischung umgewendet und in reichlich heißer Butter auf beiden Seiten goldgelb gebacken. Auf heißem Teller serviert, umgibt man es mit frischer Petersilie und belegt es mit einer Citronenschnitte.

81. Eierbrötchen.

Von 2—3 Aleuronatweißbrötchen schneidet man nicht zu dünne Scheiben und backt sie in heißer Butter gelb. 2 hartgesottene Eier werden mit 2 gewaschenen und gereinigten Salzsardellen fein gewiegt, die Brötchen damit belegt und etwas Salz, sowie fein geschnittener Schnittlauch darauf gestreut.

82. Ochsenmarkschnitten.

Hierzu werden die Brötchenscheiben nur geröstet (gebäht); 6 Eßlöffel voll heißes Mark verarbeitet man mit Salz, Pfeffer und 2 hartgesottenen Eidottern zu einem Brei, bestreicht die Schnitten damit, beträufelt sie mit Citronensaft und serviert sie. Sowohl Schnitten als Markbrei müssen sehr heiß verwendet werden.

83. Schinken in Burgunder.

2—3 recht große fingersdicke Schinkenscheiben legt man über Nacht in Burgunder. 1 Stunde vor Gebrauch dünstet man 15 Min. lang 5—6 Eßlöffel voll feingehackte Trüffeln, oder andere bessere Pilze in heißer Butter, löscht sie mit soviel guter Bouillon ab, daß sich die Masse auf die Schinkenscheiben streichen läßt, rollt diese zusammen, wickelt sie in ein

Stückchen Kalbsnetz und bindet sie sowohl oben als unten und in der Mitte gut zu. In dieser Form kocht man den Schinken in leichter Fleischbrühe 30 Min., läßt ihn in dieser Brühe auskühlen, nimmt die Schinkenrollen aus dem Netze, fängt die darin befindliche Flüssigkeit auf und verrührt mit dieser und etwas Suppe 1 Kaffeelöffel voll Aleuronatmischung, gießt sie über den Schinken und stellt das Ganze noch 10 Minuten in das gut geheizte Bratrohr.

84. Appetitbrötchen.

2 Aleuronatweißbrötchen teilt man in gut messerrückendicke Scheiben, wendet sie in einem mit Milch abgerührten Ei auf beiden Seiten um, backt sie in heißer Butter goldgelb und stellt sie warm. Ueberreste von zahmem oder wildem Geflügel hackt man mit eingemachten oder frisch gekochten Pilzen, sowie einem kleinen Stück weich gekochter Kalbsmilch fein, dünstet sie in etwas heißer Butter oder Krebsbutter, gibt auf ungefähr 6—8 Eßlöffel voll Haschee den Saft ½ Citrone und 3 Eßlöffel voll Rotwein dazu, nebst Salz und Pfeffer und bestreicht damit nach kurzem Aufkochen die Weißbrotschnitten. Sie werden sofort heiß serviert.

85. Käsebrötchen.

Von Aleuronatweißbrot (nach Geschmack kann auch Schwarzbrot genommen werden), bestreicht man Scheiben mit frischer Butter, bestreut diese gleichmäßig mit feingeriebenem Schweizer= oder Emmenthalerkäse, sowie etwas Salz und Pfeffer.

86. Rührei in Krebsbutter.

4 frische, große Eier werden mit 1 Eßlöffel voll Milch und ½ Kaffeelöffel voll Salz gequirlt; währenddessen macht man in einer Omelettenpfanne 3 Eßlöffel voll zerlassener Krebsbutter heiß, gibt die Eier hinein und rührt mit einer Gabel fortwährend um, bis die Eier gar, jedoch noch locker sind. Sie müssen rasch serviert werden.

87. Eierspeise aux fines herbes.

(Kräuterrührei).

Genau nach Rezept Nr. 86, nur gibt man den Eiern 2 Eßlöffel fein gewiegter Kerbelkräuter bei und bereitet die Speise mit gewöhnlicher Butter.

V.

Wildpret.

1. Rehkeule und Rehrücken.

Man salzt und pfeffert das gebeizte Fleisch und spickt es reichlich mit frischem Speck. Der Boden der Bratpfanne wird mit Speckscheiben und 2—3 hand= großen Stückchen fetten Schweinefleisches belegt, mit reichlich Gewürz aus der Beize bestreut, das Rehfleisch darauf gegeben und wieder mit 2—3 Schweinefleisch= stückchen gedeckt. Man bratet nun in gut geheiztem Ofen das Fleisch unter fleißigem Begießen, gibt nach 1 Stunde Bratezeit 2 Eßlöffel ·voll Aleuronatmisch= ung auf den Boden der Bratpfanne, legt die oberen Stücke Schweinefleisch seitwärts, damit der Braten Farbe bekommt und gießt nach und nach ¼ Ltr. saure Sahne darüber. Sobald die Sauce hellbraun ist, gibt man Bouillon dazu und zwar immer über das Fleisch, damit es recht saftig bleibt. In 2 Stun= den ist ein Rehrücken, in 3 Stunden die Keule gar gebraten. Die Sauce wird sorgfältig geseiht und ent= fettet in heißer Saucière zu Tische gebracht.

2. Rehragout.

Hals, Rippenstück, Lunge und Herz des Rehes zerlegt man in kleine Teile und beizt sie bis zum

Gebrauch ein. Alsdann gibt man in eine Casserole auf 2 ℔ Fleisch ¹/₅ ℔ Butter oder Fett, läßt letzteres sehr heiß werden, macht mit 4 Eßlöffel voll Aleuronatmischung eine braune Mehlschwitze, die mit ¹/₄ Ltr. Beize, wenn beliebt ¹/₄ Ltr. Rotwein und genügend Bouillon abgelöscht wird; auch Beizegewürz mengt man darunter. Diese Sauce muß 1¹/₂—2 Stunden, je nach dem Alter des Rehes, kochen.

3. Rehpastete I.

Von einem frisch geschossenen Reh wässert man Leber, Herz und Milz 1 Tag lang, wobei das Wasser öfters gewechselt werden muß; hierauf wird alles sorgfältig von Haut und Fasern befreit und mit 1 großen Zwiebel, 1 Zahn Knoblauch, einigen Citronenschalen und etwas Petersilie fein gewiegt. Vom Fleischer läßt man sich 3 ℔ abgeschwartetes, fettes Schweinefleisch fein hacken und vermengt es nebst 6 Eßlöffeln voll Aleuronatmischung, genügend Salz und Pfeffer mit der gewiegten Masse so lange, bis alles gleichfarbig ist. Man füllt damit eine nicht zu große, mit kaltem Wasser ausgespülte Bratpfanne, streicht die Masse mit der nassen Hand oben glatt und backt sie im Rohre so lange, bis sie sich gut stürzen läßt. Wenn sich Fett ausbratet, so wird es fleißig abgegossen. Diese Speise ist warm sehr gut, kalt jedoch ein vorzüglicher Aufschnitt, der sich mehrere Tage hält.

4. Rehpastete II.

Eine frische, ungebeizte Rehschulter wird mit einigen Stückchen Butter und Gewürz $1/_2$ Stunde lang gebraten. Hierauf schabt man alles Fleisch von den Knochen und hackt es mit $1/_2$ ℔ rohem, abgehäuteten, sehr fetten Schweinefleisch fein zusammen, gibt es in eine Casserole von tadellosem Email, begießt es mit 4 Quart Weißwein und läßt es $2^1/_2$ bis 3 Stunden lang stark kochen. Alsdann treibt man die Masse durch die Pastetenmaschine, in Ermangelung einer solchen durch ein Haarsieb, und streicht diese Farce in eine tiefe Glasschale recht fest und platt hinein. Nach Geschmack kann man klein geschnittene Trüffeln oder Champignons beimengen. Den nächsten Tag stürzt man die Pastete und gibt sie zu Thee oder Wein.

5. Saure Rehleber.

Die abgehäutete Leber wird 1 Stunde vor dem Gebrauch in feine, nicht zu kleine Scheiben geschnitten, in eine Schüssel gelegt, gesalzen, gepfeffert, der Saft $1/_2$ Citrone und 1 Glas Rotwein dazugegeben. In einer Casserole schwitzt man in $1/_{10}$ ℔ Butter oder Schweinefett 2 Eßlöffel voll Mehronatmischung gelb, verdünnt mit $3/_8$ Ltr. guter Bouillon, gibt 3 fein gehackte Zwiebeln, 4—5 ebensolche frische oder eingemachte Pilze und 3 Eßlöffel voll Essig dazu und läßt diese Sauce 1 Stunde lang kochen; 10 Minuten vor dem Anrichten gibt man die Leber hinein, rührt alles gut durcheinander, deckt sie zu und dünstet sie gar.

6. Gespickte Rehleber.

Eine frische Rehleber wird einige Stunden ge=wässert, abgehäutet, mit Salz und Pfeffer eingerieben und mit feinen Speckstreifen reichlich gespickt. In einer Casserole macht man $^1/_{10}$ ℔ Butter oder Schweine=fett heiß, läßt darin 1 Eßlöffel voll Aleuronatmischung nebst 2—3 feingeschnittenen Zwiebeln gelb werden, gießt 1 Weinglas voll Rotwein und $^1/_2$ Weinglas voll Essig dazu nebst $^1/_1$ Ltr. Bouillon und läßt diese Sauce $^1/_2$ Stunde langsam kochen. Alsdann gibt man die Leber hinein, deckt sie zu und dämpft sie ungefähr 15—20 Minuten; bevor man sie genießt, mache man mit einem scharfen Messer in der Mitte einen tiefen Schnitt, um zu sehen, ob sie noch blutig ist, worauf man in diesem Falle dieselbe noch gar kocht, ohne sie hart werden zu lassen. Die Leber wird in einer tiefen, heißen Schüssel serviert, mit der Sauce übergossen, der Saft $^1/_2$ Citrone darüber geträufelt und mit den fein gewiegten Schalen derselben besät.

7. Rehfleischsülze.

Der Boden einer Schüssel wird mit Scheiben von harten Eiern, Streifen von süßen Gurkenschnitzen (siehe Eingesottenes) und reichlich, in zierliche Stückchen geschnittenem, kaltem Rehbraten belegt. Vorsichtig, damit nichts durcheinander kommt, gießt man einige

Eßlöffel voll recht klaren Aspiks darüber und läßt es auf Eis fest werden. Nun belegt man das Fleisch mit Verschiedenem, wozu man Oelsardinen, eingemachte Nüsse, Essiggurken, Eier und Rotrüben nach Geschmack ordnet, belegt dies wieder reichlich mit Rehfleisch und gießt 2 Finger hoch Aspik darüber, läßt es sehr fest werden und stürzt es auf eine entsprechende Platte.

8. Pudding von Rehfleischresten.

100 gr frische Butter werden mit 3 Eigelb schaumig gerührt und dann allmälig nachstehende Ingredienzen darunter gemischt: 500 gr feingewiegte Bratenreste, ebensolche Zwiebel und Petersilie, sowie Salz, Pfeffer und 80 gr Aleuronatmischung; schließlich gibt man nach ½ stündigem Rühren den Schnee von 3 Eiweiß und ½ Päckchen Backpulver daran und füllt eine mit Butter gut bestrichene Puddingform. Nach einstündigem Kochen in siedendem Wasser kann man den Pudding entweder warm mit beliebiger Sauce (siehe Saucen), oder kalt zu Thee und Wein geben.

9. Hasenbraten.

Dieser wird, wenn abgehäutet und gespickt, nach Rezept Nr. 1 behandelt. Zum Hasenbraten verwendet man nur ³/₅ ℔ Schweinefleisch; die Bratezeit beträgt auch, je nach dem Alter des Wildes 1—2 Stunden. Kalter Hasenbraten schmeckt frisch gebraten am besten, wenn er mit Citronensaft besprengt wurde.

10. Hasenragout.

Dieses kann nach Rezept Nr. 2 bereitet werden, schmeckt jedoch auch sehr gut in saurer Sahne. Hierzu bereitet man von $1/_{10}$ ℔ Butter und 3 Eßlöffel voll Aleuronatmischung eine dunkelgelbe Mehlschwitze, gibt $1/_4$ Ltr. saure Sahne, Zwiebel, ein paar Pfefferkörner und Citronenschalen dazu, gießt $3/_4$ Ltr. Bouillon nach, kocht darin das klein zerlegte Fleisch der Hasen-schultern, Rippen, des Halses, sowie Lunge, Leber und Herz $1\frac{1}{2}$ Stunden lang und schmeckt das Ragout mit Essig ab. Die Hasenleber muß wegbleiben, so-bald sie auch nur e i n durchsichtiges Wasserbläschen an sich hat.

11. Hasenpastete I.

Man fertigt sie von 3 frischen gesunden Hasen-lebern mit 1 ℔ Schweinefleisch und 1 Eßlöffel voll Aleuronatmischung nach Rezept Nr. 3 an.

12. Hasenpastete II.

Von 2 großen, frischen Hasenschlegeln bereitet man diese Pastete nach Rezept Nr. 4.

13. Lapin en gibelotte.
(Kaninchen-Frikandeau).

Man teilt das gut gewaschene Fleisch von Rücken und Schlegel des Lapin in Stücke, pfeffert und salzt es. Gleiche Teile Fett und Butter, zusammen $1/_2$ ℔, macht man in einer Casserole heiß, schmort den Lapin darin 15 Minuten lang und stäubt ihn mit 2 Eß-

löffel voll Aleuronatmischung; wenn diese gelb ist,
gießt man ½ Flasche billigen, heißen Rotwein daran
und zwar nur solchen, der Diabetikern und Fettleibigen
erlaubt ist (siehe „365 Speisezettel," Verlag von J. F.
Bergmann, Wiesbaden). Nach 10 Minuten gibt man
2 feingehackte Zwiebeln, Petersilie und 5—6 Cham=
pignons hinzu und läßt das Ragout 1—1½ Stunden
lang kochen.

14. Gebratenes Wildschwein.

Das rein abgesengte Fleisch eines jungen Wild=
schweines legt man in einen steinernen Topf, streut
Salz, Pfeffer, 2—3 Wachholderbeeren und 1 Citronen=
scheibe darauf, gießt über 3—4 ā Fleisch ½ Ltr.
Essig, ½ Ltr. Wasser und ½ Flasche Rotwein. Nach
8—10 Tagen nimmt man das Fleisch heraus, salzt
und pfeffert es noch ein wenig und legt es in eine
Bratpfanne auf Speckscheiben, gießt etwas Beize dar=
über und bedeckt es mit einigen Speckschnitten. Es
wird unter Begießen mit ¼ Ltr. saurer Sahne und
ebensoviel Bouillon dieses Fleisch 1½—2 Stunden
lang gebraten.

15. Wildschweinragout.

Das rein gesengte Fleisch beizt man einige Tage
und siedet es beim Gebrauch in dieser Beize weich.
Zur Sauce macht man von 1/10 ā Schweinefett und
3 Eßlöffel voll Aleuronatmischung eine braune Mehl=
schwitze, gibt 2 Saccharintabletten daran, löscht mit

der Brühe, in der das Fleisch gesotten wurde, langsam ab, legt, nachdem die Sauce 1 Stunde gekocht hat, das in Stücke zerlegte Fleisch in dieselbe hinein und läßt es noch $1/4$ Stunde lang kochen.

16. Gebratene Wildtaube.

1 junge Wildtaube wird rein geputzt, ausgenommen und 1—2 Tage in gewöhnliche Beize gelegt. Beim Zurichten spickt man die Brust mit ganz feinen Speckstreifen, bindet auf die Schlegel Speckstückchen und gibt in das Innere der Taube reichlich gesalzenen und gepfefferten Speck. Herz, Magen und Leber wiegt man mit etwas Petersilie, 1 Zwiebel und Citronenschalen fein, rührt 1 Eßlöffel voll zerlassener Butter mit 1 Ei, dem Gewiegten und 1 Kaffeelöffel voll Aleuronatmischung ab, füllt die vom Halse aus vorsichtig untergriffene Brusthaut damit und bindet den Hals zu. Man belegt eine kleine Bratpfanne mit Speck und legt die Taube darauf; wenn sie zu schmoren anfängt, wird 1 Weinglas voll saurer Sahne und ein solches mit Beize hinzugegossen und 1 Stunde lang gebraten.

17. Gebratenes Rebhuhn.

Nachdem die Rebhühner trocken gerupft, ausgenommen und gewaschen sind, salzt und pfeffert man sie, spickt Brust und Schlegel mit feinem Speck, gibt ins Innere ein paar Stückchen Butter und bratet sie unter fleißigem Begießen mit etwas saurer Sahne

und Bouillon. Selbstverständlich können die Reb=
hühner auch einige Tage vorher gebeizt werden, was
bei älterem Wilde sogar unerläßlich ist.

Ganz vorzüglich saftig und schmackhaft werden
Rebhühner, wenn man Wachteln, nachdem sie
gerupft, ausgenommen, gesalzen und gepfeffert wurden,
in den Leib des Rebhuhnes steckt. Man näht alsdann
die Oeffnung zu und garniert beim Anrichten Wein=
kohl mit den herausgenommenen Wachteln und falschen
Schnepfenbrötchen (siehe Rezept Nr. 22).

18. Gedämpftes, altes Rebhuhn.

Diese Zubereitung eignet sich besonders für alte
Rebhühner; wenn sie nach Rezept Nr. 17 zum Braten
vorbereitet sind, gibt man in eine Casserole auf 1
Rebhuhn 1/5 ℔ Butter in Stückchen geschnitten, 1 Nelke
und 2—3 Pfefferkörner, legt das Huhn darauf, die
Brust nach unten und übergießt es mit einem Wein=
glas voll Weißwein und 1/2 Ltr. Bouillon. Fest
zugedeckt dämpft man es 1 1/4 Stunde lang auf der
heißen Herdplatte weich, legt es zur Seite und bindet
den Rest der Sauce mit 1 Eßlöffel voll Aleuronat=
mischung, zerlegt das Huhn in 4 Teile und kocht es
noch 1/2 Stunde in dem Beiguß gar.

19. Rebhühnerbrust in der Beefmaschine.

Von einem jungen, rein geputzten Rebhuhn löst
man die Brust ab und salzt, pfeffert und spickt sie
fein. In einer kleinen Beefmaschine von Nickelmetall

läßt man 3 Eßlöffel voll zerlassener Butter heiß werden, gibt 2 mittelgroße, feingewiegte Zwiebeln, 1 Theelöffel voll ebensolcher Petersilie, 1 Weinglas voll Wein und den Saft ½ Citrone dazu, legt die Reb= huhnbrust hinein, deckt fest zu und läßt sie auf sehr heißer Ofenplatte ½ Stunde dämpfen.

Von dem Reste des Huhnes kann man ein kleines Ragout bereiten; hat man von einem gebratenen Rebhuhn jedoch die Brust zu nachfolgendem Einerguß verwendet, so macht man von den Ueberresten eine Rebhühnersuppe (siehe Suppen).

20. Einerguß zur Rebhuhnbrust.

Ein rohes und ein hartes Eigelb werden fein abgerührt, der Saft ½ Citrone, 1 Eßlöffel voll feinsten Mehles, 1 Messerspitze voll Senf, Salz und Pfeffer daran gegeben, das mit Schnittlauch fein gewiegte, harte Einweiß darunter gemischt und das gebratene Brüstchen damit übergossen.

21. Rebhuhnsalmi.

(Altes Jägerrezept).

In einer Casserole erhitzt man 3 Eßlöffel voll feinen Oliven= oder Provenceöles, gibt ⅛ Ltr. Rot= wein, den Saft einer ganzen Citrone und etwas fein geschnittene Citronenschalen dazu, läßt diese Sauce ein wenig aufkochen und dämpft darin 2 junge, ge= bratene und in je 4 Teile zerlegte Rebhühner noch 10 Minuten, worauf sie mit dem Beiguß angerichtet werden.

22. Falsches Schnepfenbrot.

Siehe Rezept Nr. 24. Man kann beim Reb=
huhn, weil nicht so fein, die Eingeweide weglassen
und dafür für je 1 Person 2 Eßlöffel voll fein ge=
wiegtes Kalbsmilz unter das Gewiegte von Herz,
Magen und Leber geben.

23. Gebratene Schnepfe.

Die Schnepfe wird vorsichtig gerupft und aus=
genommen, rasch gewaschen, innen und außen gesalzen,
gepfeffert, mit reichlich Speck im Innern gefüllt, die
Brust leicht gespickt und unter fleißigem Streichen mit
Butter und Begießen mit 1 Weinglas voll Rotwein
und etwas Bouillon 1 Stunde lang gebraten.

24. Schnepfenbrot.

Die Eingeweide, Leber, Herz, Magen, Citronen=
schalen und etwas Petersilie wiegt man fein und gibt
Pfeffer, Salz und ein wenig Muskatnuß daran. In
einer kleinen Casserole läßt man in 2 Eßlöffel voll
heißer Butter 1 Kaffeelöffel voll Aleuronatmischung
gelb anlaufen, dünstet das Gewiegte darin $\frac{1}{4}$ Stunde
lang und gibt halb Rotwein, halb Bouillon dazu,
ohne die Farce flüssig zu machen. Währenddessen
röstet man von Aleuronatweißbrot nicht zu dünne
Scheiben in heißer Butter, bestreicht sie mit der Farce,
legt sie auf eine heiße Platte, deren Boden mit
siedendem Rotwein bedeckt ist und bestreut die Brötchen
mit fein gewiegten Citronenschalen. Man ordnet sie

alsdann um die gebratene Schnepfe, sobald die Brötchen den Wein aufgesaugt haben und gibt noch einige Citronenschnitten dazu, wenn man sich deren allenfalls nach Geschmack bedienen will.

25. Gebratene Wildente.

Die vorbereitete, gebeizte Ente wird zum Braten dicht und fein auf Brust und Schlegel gespickt und in die mit Speck belegte Bratpfanne gelegt. Wenn man die Wildente warm genießen will, übergieße man dieselbe während des $1^1/_2$ stündigen Bratens mit $^1/_4$ Ltr. saurer Sahne und Bouillon; man kann auch ein wenig Beize dazu nehmen. Wird sie jedoch kalt gegeben, so übergieße man sie nur mit Bouillon. In diesem Falle wird sie, erkaltet, sehr fein geschnitten, reichlich mit Citronensaft besprengt und mit Aspik verziert.

26. Gedämpfte Wildente.

Hierzu eignet sich besonders eine alte Ente. Man teilt sie, wenn sie vorbereitet ist, in 8 Stücke, salzt und pfeffert sie und dämpft sie in $^1/_5$ ℔ Butter gelb; hierauf legt man sie in ein anderes Geschirr, gießt $^1/_2$ Ltr. gute, heiße Fleischbrühe nebst 1 Weinglas voll Rotwein an die Ente und gibt etwas Beize, in der sie 5—6 Tage gelegen war, sowie das nötige Gewürz dazu; man läßt sie alsdann 2—3 Stunden lang kochen, bis sie weich ist.

In der vorher benutzten Butter läßt man 2

Eßlöffel voll Aleuronatmischung hellbraun werden, macht sie mit der Entenbrühe sämig und gießt die ganze Sauce über die Ente, die man alsdann vollends auskochen läßt. Beim Anrichten gibt man dieselbe mit feinen Citronenschalen bestreut zu Tische, die Sauce dagegen in einer Saucière.

Zahme Enten lassen sich ebenfalls so herrichten und schmecken vorzüglich, wenn sie einige Tage vorher mit Wildfleisch gebeizt wurden.

27. Gefüllte Wildente.

Nachdem die Ente mehrere Tage gebeizt und nach Rezept Nr. 25 zum Braten vorbereitet wurde, füllt man sie mit folgender Farce: 3 Eßlöffel voll zerlassener Butter treibt man mit 2—3 ganzen Eiern schaumig ab, rührt 3 Eßlöffel voll Aleuronatmischung darunter, sowie ganz fein gewiegt: Leber, Herz, Magen, Zwiebel, Petersilie und Citronenschalen, nebst $1/10$ ℔ Speck und treibt dies alles tüchtig ab. Vom Hals aus wird die ganze Brusthaut vorsichtig gelöst, die Farce bei der nicht zu großen Oeffnung mit einem Löffel hineingefüllt, zugenäht und die Ente nach Rezept Nr. 25 mit saurer Sahne gebraten.

28. Gebratener Fasan.

Der Fasan muß, mit Ausnahme des Kopfes, vorsichtig gerupft werden, damit die Haut nicht platzt; dann wird er ausgenommen und nur ganz kurz und rasch innen ausgewaschen. Man kann ihn in Rot=

wein und Essig beizen, doch ziehen viele Feinschmecker,
namentlich Jäger es vor, ihn frisch gebraten zu genießen.

Zum Braten wird er wie Rebhühner 2c. vorbereitet, der Kopf dagegen in reichlich mit Butter be-
strichenes, weißes Papier gebunden. Wenn die Bratpfanne mit Speck belegt ist, begießt man denselben
mit je 1 Weinglas voll Rotwein und Essig, gibt das
übliche Beizgewürz dazu und bratet den Fasan, an-
fangs auf der Brust liegend, später auf dem Rücken,
1—1½ Stunden unter fleißigem Begießen mit Bouillon schön hellbraun. Man nehme zu Fasanenbraten
nie saure Sahne, sondern gebe ihn zu Weinkraut.
(Siehe Gemüse.)

29. Chaud-froid von Fasanen.

1 Fasan wird nach Rezept Nr. 28 gebraten
und hierauf in zierliche Stücke zerlegt. Das Gerippe,
Magen, Herz und Leber wird fein gestoßen in ½ Ltr.
Weißwein, mit dem Saft ½ Citrone, 2 Zwiebeln und
1 Lorbeerblatt ½ Stunde lang gekocht und in eine
Porzellanterrine durchgeseiht. Solange diese Sauce
noch heiß ist, gibt man 1 Kaffeelöffel voll Aleuronat-Pepton und 1 Eßlöffel voll Consommé daran,
verrührt diese beiden Extrakte so lange, bis sie sich
aufgelöst haben und mengt ½ Ltr. heiße Bouillon,
½ Weinglas voll Bordeaux, abermals den Saft einer
Citrone und endlich 8 Eßlöffel voll flüssiges Aspik

darunter. Diese Masse wird recht glatt und bis zum
Erkalten gerührt, dann jedes Fasanenstückchen darin
so lange umgewendet bis reichlich daran haften bleibt,
auf eine Platte gehäuft und auf Eis gestellt. Man
garniert den Rand der Platte mit Citronenscheiben
und zierlich ausgestochenem roten und weißen Aspik.

30. Gebratener Auerhahn.

Von diesem Wilde sind nur ganz junge Exem=
plare genießbar; dieselben sind am besten im Monat
Mai. Man rupft den Auerhahn ebenso wie den Fasan
mit Ausnahme des Kopfes und beizt ihn mit gewöhn=
licher Wildbeize, die 2 Finger hoch darüber stehen
muß, 4—5 Tage lang ein. Nach dieser Zeit wird
er genau wie Fasanenbraten nach Rezept Nr. 28 be=
handelt, nur währt die Bratezeit 3 Stunden und
muß man den Auerhahn während des Bratens reich=
lich mit Butter streichen und begießen.

31. Wildpretsalmi.

Gebratene Wildpretreste werden fein gewiegt, mit
der entfetteten Bratensauce, Citronensaft, etwas Rot=
wein und so viel flüssigem rotem Aspik vermengt,
daß das Salmi nicht zu dünn wird. Man streicht
es in eine Glasform, stellt es auf Eis und stürzt es
auf eine Platte, deren Rand man nach Geschmack
garniert.

32. Wildschnitten.

Reste von Wildbraten wiegt man mit Petersilie, Schnittlauch und Zwiebel, sowie 3 gereinigten Sardellen auf ½ ℔ Fleisch fein zusammen und dünstet dieses Haschee in einer mit 3 Eßlöffeln voll Butter und 1 Eßlöffel voll Aleuronatmischung hergestellten Mehlschwitze. Man zieht die Speise vom Feuer und gibt 1 Eigelb, Salz, Pfeffer, Essig, Oel, ein wenig Senf und soviel Bouillon daran, daß ein dicker Brei entsteht, den man noch warm, auf Aleuronatweißbrotscheiben streicht. Mit gewässerten Sardellenstreifen belegt, backt man die Brötchen in heißer Butter goldgelb; man kann sie kalt oder warm geben.

33. Wildleberwurst.

Die Leber eines Hirsches, Rehes oder Wildschweines wässert man 1 Stunde lang, schneidet sie in 4 Teile und entfernt alles geronnene Blut aus derselben; hierauf kocht man sie in Wasser 1½—2 Stunden, je nach der Größe, und reibt sie nach Erkalten auf dem Reibeisen. Die Nieren des betreffenden Wildes können auch dazu genommen werden; man behandelt sie wie die Leber. Das Herz dagegen schneidet man, wenn es verwendet werden soll, nach dem Weichkochen in ganz kleine Würfel. Auf 1 große Leber siedet man 2 ℔ rohen Speck weich, schneidet ihn in Würfel, vermengt ihn mit der Leber, nebst Salz, Pfeffer und 1 Eßlöffel voll gewiegten

Majoran und macht mit der Schweinsspeckbrühe eine
dicke Suppe daraus, die man in Schweins= oder
Pergamentdärme füllt. Der Wurstdarm bleibt 2—3
Finger breit oben leer; man bindet die Wurst zu,
kocht sie langsam $\frac{1}{2}$ Stunde lang in siedendem
Wasser und räuchert sie 2—3 Tage lang.

VI.

Warme und kalte Gemüse, Eingesottenes und Dörrvorräte.

In jeder Menge erlaubtes warmes Gemüse.

1. Artischoken.

Die Artischoken werden von allen Blättchen und Rippen sorgfältig mit einer Scheere gereinigt, rein abgewaschen und in siebendem, wenig gesalzenem Wasser weich gekocht. Man richtet sie zierlich geordnet auf einer erwärmten Platte an und reicht folgende Sauce eigens dazu. 50 gr warme, nicht heiße Butter verrührt man mit 1 Eßlöffel voll Aleuronatmischung, 1 Weinglas Weißwein und heißer kräftiger Bouillon, ungefähr ¹/₄ Ltr. und frikassiert die Sauce nach nur ganz kurzem Aufkochen über 2 Eidotter an die Artischoken.

2. Geschmorte Artischoken.

Die nach Nr. 1 vorgerichteten Artischoken ordnet man unter Zugabe von etwas Salz und Pfeffer in eine mit reichlich Butter ausgestrichene Casserole und läßt dieselben bei mäßiger Hitze schmoren. Wenn sie goldgelb und weich sind, ordnet man sie pyramidenförmig auf einer tiefen Platte, so daß die Köpfchen oben sind und begießt sie mit folgender Sauce:

Den Schmortigel entfernt man von der warmen
Herdstelle, rührt 1 Eßlöffel voll Aleuronatmischung
auf ungefähr in dem Tigel enthaltene 2—3 Eßlöffel
flüssige, heiße Butter rasch ab und gibt $^1/_4$ Ltr. gute
Bouillon dazu. Man übergießt damit die Artischoken.
Zu bemerken ist noch, daß man die Artischoken vor
dem Schmoren je nach ihrer Größe in 3—4 Stücke
teilen kann; sie werden zerlegt rascher gar.

3. Meerrettig.

Eine mittelgroße Stange Meerrettig wird rein
gewaschen, geschält und aufgerieben. In einer nicht
zu großen Casserole läßt man in 30 gr heißer Butter
1 Eßlöffel voll Aleuronatmischung gelb werden, dünstet
den Meerrettig darin $^1/_4$ Stunde, salzt ihn ein wenig
und gießt soviel gute Bouillon nach, daß er dickflüssig bleibt.

Sehr schmackhaft und namentlich auch Zuckerkranken zuträglich ist dieses Gemüse, wenn man es
statt der Fleischbrühe mit Milch verdünnt und eine
Hand voll geschälter und fein gewiegter Mandeln
daran gibt.

4. Champignons.

Stiele und Hütchen der Champignons werden
mit einem kleinen Messer vorsichtig abgehäutet und
in dünne, nicht zu kleine Scheiben geschnitten. Für
ungefähr 12 Stück Champignons läßt man 3 Eßlöffel
voll zerlassener Butter gelb werden, dünstet darin die

Champignons ½ Stunde lang unter Zugabe von 1 Kaffeelöffel voll gewiegter Petersilie, ½ Zwiebel, je einer Prise Salz und Kümmel und staubt 1 Kaffee-löffel voll Aleuronatmischung daran; dann läßt man sie nochmals 10 Minuten dünsten, gießt soviel beste Suppe daran, daß die Champignons nicht zu viel Sauce haben und kocht sie noch 1 Stunde lang bei mäßigem Feuer.

Steinpilze, überhaupt jede feinere Pilzgattung, wird auf obige Art bereitet.

5. Spargel.

Von 12 rein gewaschenen Spargelstangen wird unten das Holz bis zum Fleisch weggeschnitten, von den Köpfchen nach abwärts die Haut abgezogen und alsdann im Salzwasser weich gekocht. Von 3 Eß-löffel voll zerlassener und gelb erwärmter Butter, sowie 1 Eßlöffel voll Aleuronatmischung wird eine hellgelbe Buttersauce gemacht und zwar mit 1 Teil Spargelwasser und 1 Teil bester Fleischbrühe. Beim Anrichten ordnet man die Spargelstangen in einer tiefen Schüssel so, daß die Köpfchen alle aufeinander liegen. Die Sauce rührt man mit 2 Eidotter ab und übergießt damit den Spargel.

6. Spargel mit Weinguß.

12 Spargelstangen werden ebenso vorgerichtet und gesotten wie in Nr. 5 angegeben wurde und mit folgender Sauce übergossen: 1 Eßlöffel voll

Aleuronatmischung wird mit ½ Ltr. Moselwein glatt abgerührt, mit 2 Stück Saccharintabletten und einigen Citronenschalen über mäßiges Feuer gebracht und einige Minuten langsam gekocht. Man quirlt den siedenden Wein durch ein Haarsieb über 3—4 Eidotter schaumig und übergießt damit den Spargel.

7. Hopfenspargel.

Wenn die Hopfenkeime recht sauber gewaschen und geputzt sind, werden sie nach Rezept Nr. 5 behandelt.

Dieselbe Vorschrift gilt für

8. Schwarzwurzeln.

Nur müssen diese, wenn sie geputzt sind, 1 Stunde lang in halb Milch, halb Wasser liegen, damit sie weiß bleiben und dann erst in Salzwasser sieden.

9. Stachys tuberifera.

Dieses bei uns in Deutschland neu eingeführte, aus Indien und China stammende Knollengewächs, wird bereits von vielen unserer bedeutenderen Kunstgärtner gebaut. Es bietet eine angenehme Abwechslung in der Diät für Zuckerkranke und Fettleibige und spricht sich Herr Geheimerat, Professor Dr. W. Ebstein in seinem Buche: „Ueber die Lebensweise der Zuckerkranken," Zweite Auflage. Verlag von J. F. Bergmann, Wiesbaden, Seite 125 eingehender darüber aus.

Der Geschmack der Stachys ist den Schwarzwurzeln, sowie dem Hopfenspargel sehr ähnlich, da-

gegen sind sie nicht als Ersatz für unsere heimische
Kartoffel zu betrachten.

Man bereitet sie nach mehrmaliger, gründlicher
Reinigung in lauwarmem Salzwasser und nachdem
unten die kleine Wurzel und oben das bräunliche
Köpfchen weggeschnitten wurde, nach Rezept Nr. 5.

10. Geschmorte Stachys.

Wenn dieselben halbweich in Salzwasser gekocht
sind, gibt man für 1 großen Tassenkopf voll Stachys,
3 Eßlöffel voll zerlassener Butter in einen kleinen
Tigel, läßt diese heiß werden, schwenkt die Knollen
darin, bestreut sie mit etwas gewiegter Petersilie, deckt
sie mit einem gut passenden Deckel zu und schmort
sie ohne den Deckel abzunehmen, $^1/_4$ Stunde lang auf
heißer Platte.

11. Stachys tuberifera als Beilage.

$^1/_4$ Stunde lang nur im Salzwasser weich ge=
kocht, dienen sie als angenehme hübsch aussehende
Beilage zu Wirsing, Spinat, Weinkraut u. s. w.,
sowie auch als Einlage in Bouillon mit Ei.

12. Wirsing.

Die feineren Wirsingblätter von 1 Kopf werden
von den Rippen befreit, rein gewaschen, in siedendem
Salzwasser $^1/_2$ Stunde lang gekocht, abgegossen und
fein gewiegt. In einer Casserole schwitzt man in
$^1/_{10}$ 𝔤 Butter 1 Eßlöffel voll Aleuronatmischung

gelb, gibt ½ Zwiebel und den Wirſing mit Salz und Pfeffer hinein, läßt das Gemüſe 20 Minuten dünſten und gibt gute Fleiſchbrühe daran. Man gibt als Beilage Wurſträbchen oder Stachys.

13. Sauerampfergemüſe

ſowie

14. Kopfſalatgemüſe

werden wie

15. Spinat

zubereitet. Man wirft die reingewaſchenen, von den Stielen befreiten, nur zarten Blätter für 8—10 Minuten in ſiedendes Salzwaſſer, gießt ſie ab und wäſcht ſie im Durchſchlag abermals mit kaltem Waſſer durch. Feſt ausgedrückt wiegt man das Gemüſe fein und dünſtet es in einer von reichlich Butter und 1 Eßlöffel voll Aleuronatmiſchung hergeſtellten Mehl=ſchwitze, gibt nach ¼ Stunde Salz und Bouillon nach und läßt das Ganze 1 Stunde lang kochen. Man ſerviert jedes dieſer drei Gemüſe entweder mit 1 gebackenen Ei in der Mitte, oder auf franzöſiſche Art, mit einem, mittels ſcharfer Blechform ausge= ſtochenen Stück friſcher Butter.

16. Weinkraut.

1 ℔ Sauerkohl friſcht man raſch mit Waſſer ab und läßt es ablaufen. In einer Caſſerole läßt man ⅕ ℔ Butter, Schweine= oder Gänſefett heiß werden und gibt 1 Eßlöffel Aleuronatmiſchung daran,

dann sofort den Kohl, vermischt alles gut mitsammen und dämpft es ½ Stunde. Man gießt alsdann ½ Flasche weißen, billigen Wein und ¼ Ltr. Bouillon dazu, würzt den Kohl mit 1 Lorbeerblatt, 6—8 Wachholderbeeren, etwas Kümmel und 1 klein ge= schnittenen Zwiebel. Dieses Weinkraut muß 2—3 Stunden lang kochen und fleißig umgerührt werden, damit es nicht anbrennt. Sollte die Brühe zu stark einkochen, so gibt man noch Bouillon daran.

17. Zwiebelsauce.

In einer Casserole schwitzt man in 3 Eßlöffel voll zerlassener Butter oder Fett 2 Eßlöffel voll Aleu= ronatmischung braun, gibt 4 geschälte, feingewiegte, mittelgroße Zwiebeln hinein, schmort sie 10 Minuten lang und gießt dann gute Bouillon und 2 Eßlöffel voll scharfen Essigs daran, salzt und pfeffert die Sauce und läßt sie 1 Stunde lang kochen.

In mäßiger Menge erlaubtes warmes Gemüse.

18. Blumenkohl (Carviol).

Der in Sträußchen getrennte, abgehäutete Blu= menkohl wird wie Spargel, Rezept Nr. 5, behandelt.

19. Weißkohl.

Die feineren Blätter eines mittelgroßen Kohl= kopfes werden von den Rippen befreit, fein geschnitten oder gehobelt und mit Salz, Kümmel und 2 zer= schnittenen Zwiebeln in reichlich frischem Schweinefett ¹/₂ Stunde gedünstet. Man staubt den Kohl mit 1 Eßlöffel voll Aleuronatmischung, löscht ihn mit guter Bouillon, 1 Weinglas voll Weißwein und 2—3 Eß= löffel voll Essig ab und läßt ihn noch 1—1¹/₂ Stunden kochen.

20. Rotkohl

wird ebenso behandelt. Zu beiden Gemüsen gibt man Beilagen verschiedenster Art: Stachys, Saucißchen, gebackene Leber, kleine Fleischkarbonaden ꝛc. ꝛc.

21. Grüne Bohnen.

1 ℔ junge, frische Bohnen befreit man auf bei= den Seiten von den Fäden und schneidet sie in läng= liche, feine Streifen. In ¹/₁₀ ℔ Butter dünstet man dieselben, staubt sie mit 1 Eßlöffel voll Aleuronat= mischung und gibt nach ¹/₄ Stunde ¹/₄ Ltr. Bouillon und 1 Eßlöffel voll Essig daran. Als Würze mengt man 1 Eßlöffel voll feiner Blättchen Bohnenkraut und Salz darunter.

22. Zu Salat

darf man in jeder Menge verwenden: Spargel, Hopfenkeime, Schwarzwurzeln, Stachys tuberifera,

Gurken, Brunnenkresse, Endivien und Kopfsalat. Man sehe nur darauf, daß Essig und Oel bester Qualität verwendet werde.

23. Zu Salat

in mäßiger Menge verwendet man: Sellerie, grüne Schneidebohnen und Orangen.

24. Orangensalat.

1 geschälte, abgehäutete und in Räder geschnittene Orange befreit man von den Kernen und übergießt sie 2 Stunden vor dem Genuß mit 1 Glas Weißwein, worin 2 Saccharin-Tabletten aufgelöst wurden.

Eingesottenes.

25. Erdbeeren.

50 Saccharin-Tabletten löst man mit 2 Weingläser voll Wasser auf, läßt es gut kochen, gibt 5 Ltr. frische Erdbeeren hinein und läßt sie 5 Minuten kochen. Nach dem Erkalten werden sie in Gläser gefüllt.

26. Preißelbeeren im eigenen Saft.

2 Ltr. reingewaschene und ausgesuchte Preißelbeeren läßt man auf dem Durchschlag ablaufen. In einem reinen Emailgeschirr bringt man sie zum Kochen und siedet sie so lange, bis der eigene Saft sie deckt,

gießt sie in eine Porzellanschüssel und füllt sie nach Erkalten in Gläser, welche zugebunden und an einen kühlen Ort gestellt werden.

27. Saure Preißelbeeren.

Diese werden unter Zugabe von 1 Weinglas voll Weinessig auf 2 Ltr. Beeren genau nach Rezept Nr. 26 behandelt.

28. Süße Preißelbeeren.

In einem reinen Emailtiegel löst man in ¼ Ltr. Wasser 1 Kaffeelöffel voll pulverisiertes Saccharin oder 20 Tabletten auf, bringt es zum Sieden, gibt 2 Ltr. reine Preißelbeeren mit 1 Stückchen Zimmt daran und läßt sie ½ Stunde tüchtig kochen. Weitere Behandlung nach Nr. 26.

29. Süß eingemachte Nüsse.
(Einsiedezeit Ende Juni.)

50 reingewaschene, grüne Wallnüsse werden in klarem Wasser so lange gekocht, bis sie weich sind, alsdann in ein Porzellan= oder Steingeschirr gelegt und mit frischem Wasser begossen, welches man 3 Tage lang täglich wechseln muß. Den 4. Tag kocht man in 1¼ Ltr. nicht zu scharfen Weinessigs 20 Saccharintabletten, läßt die abgeseihten Nüsse darin aufwallen, hebt sie mit einem silbernen Löffel vorsichtig heraus und legt sie in ein Einsiedeglas. Wenn der Saft noch ½ Stunde gekocht hat, läßt man ihn

erkalten und gießt ihn über die Nüsse. An einem kühlen, trockenen Orte bewahrt, halten sie sich jahrelang und sind sehr schmackhaft.

30. Süße Gurken.

12 mittelgroße Gurken werden geschält, quer durchschnitten und der Länge nach in 4 Teile geteilt, so daß jede Gurke 8 Schnitten gibt. Man nimmt das Mark heraus, siedet die Gurken in gewöhnlichem Essig weich, läßt in einem Durchschlag denselben ablaufen und richtet die Schnitten auf ein Brett, über welches man ein reines Tuch breitete. Den nächsten Tag siedet man 1 Ltr. Weinessig mit 30 Stück Saccharin-Tabletten und etwas ganzem Zimmt $1/_2$ Stunde lang, läßt ihn auskühlen und übergießt damit die während dessen in ein Glas gelegten Gurkenschnitten.

31. Senfgurken.

Die Gurken werden ebenso vorbereitet wie in Rezept Nr. 30, doch werden sie nur halbweich in gewöhnlichem Essig mit Salz gekocht. Wenn sie abgekühlt sind, richtet man in ein Glas je eine Lage Schnitten, je eine solche gelbes und grünes Senfmehl, 5—6 Pfefferkörner, 2 Lorbeerblätter, 1 Nelke und ein kleines Stück Knoblauch und gießt soviel von dem abgekühlten Essig darüber, daß er die Gurken bedeckt.

32. Essiggurken.

100 Gurken kleinster Sorte reibt man mit einem reinen Tuche ab und legt sie 24 Stunden in scharfes Salzwasser. Dann trocknet man sie ab, kocht sie in 2 Liter gewöhnlichen Essigs gut halbweich, richtet sie nach dem Erkalten in Gläser und gibt auf jede Lage Gurken 5—6 Pfefferkörner und ein Sträußchen Estragonkraut. Mit dem erkalteten Essig werden sie übergossen.

33. Eingemachte Spargel.

Schöne große Spargelstangen werden, wenn sie abgehäutet und unten vom Holze befreit sind, in leichtem Salzwasser fast weich gekocht, auf einen Durchschlag gebracht und mit frischem Wasser rasch abgegossen. Auf einen andern Durchschlag breitet man ein reines Tuch, legt den Spargel vorsichtig darauf, damit er nicht zerbricht und läßt ihn trocknen. Man muß die Anzahl und Größe der Spargelstangen und die Höhe und Weite des zu verwendenden Glases übereinstimmend wählen und zwar so, daß die Stangen dicht aneinander gereiht, die Köpfchen nach oben stehen, darüber jedoch noch 2 Finger breit Raum zum nicht zu scharfen, abgekochten und abgekühlten Salzwasser bleibt, das man darüber gießt. Macht man den Spargel in Blechbüchsen ein, so muß der Spengler den Deckel ringsum zulöten. Die Stangen können auch, je nach ihrer Größe, in 2—3 Stücke geschnitten und schichtenweise in Gläser oder Büchsen eingelegt werden.

34. Hopfenkeime

werden rein geputzt, nur leicht in kochendem Salz= wasser blanchiert, auf den Durchschlag gebracht und wieder getrocknet. Man übergießt sie, wenn sie in Gläser geordnet sind, entweder mit erkaltetem, abge= kochten Salzwasser, oder eben solchem nicht zu scharfem Essig.

35. Eingemachte Pilze.

Diese Vorschrift gilt für alle besseren Sorten Pilze, als: Champignons, Steinpilze 2c. Jeder Pilz wird vorsichtig abgehäutet, ohne ihn zu waschen und 2 Minuten lang in kochendes, leicht gesalzenes Wasser gelegt, worauf man alle auf ein reines Tuch in den Durchschlag bringt und ablaufen läßt. Auf 40—50 Pilze kocht man 2 Liter gewöhnlichen Essigs mit einigen Pfefferkörnern 1 Stunde lang, läßt ihn auskühlen und übergießt andern Tages die in ein Glas geordneten Pilze damit. Man verwendet sie als Gewürz zu pikanten Saucen, sowie als Gemüse, doch muß man sie zu diesem Zweck $1/4$ Stunde in kaltes Wasser legen.

Dörrvorräte.

36. Spargelabfälle.

Sobald man im Frühjahr Spargel zu Tisch
bringt, achte man darauf, daß man dieselben zuerst
rein wäscht, die Haut= und Holzabfälle auf einem
Porzellanteller im Geschirrwärmer oder in der Sonne
gut trocknet und sodann in Blechbüchsen für den
Winter aufbewahrt. Man kocht davon für eine
Person 1 Eßlöffel voll in Bouillon 1 Stunde lang
und gibt sie an Saucen von Schwarzwurzeln,
Stachys, eingemachtem Kalbfleisch ꝛc. Sie geben
einen köstlichen Geschmack und sind daher sorgfältig
zu sammeln.

37. Spinat,
38. Petersilie,
39. Kerbelkraut,
40. Sellerieblätter und
41. Schnittlauch,

wäscht man rein, entfernt alle Stiele und trocknet sie
im Geschirrwärmer oder an starker Sonnenhitze in
Gazesäcken, in die man nicht zu viel auf einmal
gibt, damit sie manchmal geschüttelt werden können.
Petersilie und Schnittlauch können nach dem
Dörren fein gewiegt und in hermetisch schließenden
Blechbüchsen aufbewahrt werden.

42. Pilze

aller Art reinigt man mit dem Messer, ohne sie zu waschen, von allen Häutchen und dem Futter, schneidet sowohl Stiele als Hüte in feine Scheiben und dörrt sie in der Sonne auf einem Brett. Nur wenn dies unmöglich ist, trockne man die Pilze im Ofen, da sie leicht braun werden, was man vermeiden soll. Beim Gebrauch im Winter werden sie vor dem Dünsten ¼ Stunde in siedendem Salzwasser gekocht und im Durchschlag kalt gespült.

VII.

Bäckereien und Mehlspeisen.

1. Schwarzbrot I.

(Ueber das in den nachfolgenden Rezepten verwendete Backpulver und die betreffenden Bezugsquellen, siehe Einleitende Bemerkungen.)

500 gr Aleuronatmischung gibt man in eine nicht zu große erwärmte Schüssel, macht in der Mitte des Mehles eine Vertiefung, in der man mit 8 Eßlöffel voll gut gewässerter Bierhefe oder für 20 Pfg. Preßhefe und $1/_4$ Ltr. warmer, nicht heißer Milch, mittels eines kleinen Holzlöffels einen feinen Teig anrührt, ohne das Mehl, welches ringsherum liegt, mit hineinzuarbeiten. Auf einen großen Topf, der zur Hälfte mit heißem Wasser gefüllt ist, stellt man die Schüssel und läßt die Hefe 1 Stunde lang gehen. Während dieser Zeit löst man $1/_{10}$ 𝔸 Butter in $3/_8$ Ltr. warmer Milch auf; mit dieser, 3 Kaffeelöffel voll Salz, 2 ganzen Eiern und 1 Kaffeelöffel voll gestoßenem Brotgewürz (Piement, Coriander und Fenchel), klopft man den Teig tüchtig ab und läßt ihn dann in der Nähe des warmen Ofens noch $1^1/_2$ Stunden lang aufgehen. Hierauf kommt er in eine mit Butter bestrichene, runde Kupfer- oder Blechform und backt man das Brot $1^1/_2$ Stunden lang bei mäßiger Hitze im Rohre. Während des Backens pinselt man das Brot auf der Oberfläche 4—5 Mal mit kalter Milch;

auch ist es gut, wenn man es erst den nächsten Tag
anschneidet. Es kann sowohl von Aleuronatmischung
mit Roggen, als auch mit Weizenmehl bereitet werden,
im Verhältnis 1 : 1, wie bei allen Speisen und
Bäckereien. Wenn das Brot nicht so feucht sein soll,
muß man die Butter zum Teige weglassen.

2. Schwarzbrot II.

4 Eßlöffel voll Aleuronatmischung von Roggen=
mehl, ½ Päckchen Backpulver, 1 Eßlöffel voll ge=
stoßenes und gemischtes Schwarzbrotgewürz, welches
aus Piement, Coriander und Fenchel besteht, 1 Kaffee=
löffel voll Salz, 2 Eier, kaltes Wasser. Behandlung
nach Nr. 3.

3. Weißbrot.

4 Eßlöffel voll Aleuronatmischung von Weizen=
mehl (also 2 Eßlöffel voll Aleuronat, 2 Eßlöffel voll
Weizenmehl) ½ Päckchen Backpulver und 1 Prise
Salz mischt man gut durcheinander; hierauf gibt
man 2 ganze Eier darunter, klopft diese Masse mit
kalter Milch zu einem feinen Teig ¼ Stunde lang
gut ab. In den 8 Rundungen einer Eierpfanne
(Ochsenaugenpfanne) läßt man je 1 Eßlöffel voll
zerlassener, frischer Butter heiß werden, gibt in
jede Rundung 1 Eßlöffel voll Teig, zum Kloß
geformt, hinein, stellt die Pfanne ins Bratrohr und
backt die Brötchen bei nicht zu starker Hitze schön
braun. Sobald die untere Seite fertig ist, wendet

man die Laibchen mit einem vorn abgerundeten Messer und bäckt sie vollends gar.

4. Kümmelbrötchen.

Dieselbe Mischung und Behandlung wie in Nr. 2, nur wird statt des Schwarzbrotgewürzes 1 Eßlöffel voll kleiner Kümmel beigemengt und in jede Rundung der Eierpfanne vor dem Einlegen des Teiges ebenfalls je eine kleine Prise Kümmel in die heiße Butter gegeben. Dieser Teig kann auch mit Milch angerührt werden.

5. Vanillebrot.

Zu diesem Rezepte, wie zu den nachstehenden Bäckereien nimmt man zur Aleuronatmischung nur Weizenmehl.

Man kocht abends vorher $\frac{1}{2}$ Stange zerkleinerte Vanille in etwas Milch und benützt diese andern Tages zur Bereitung des Teiges. Die übrigen Zu= thaten sind folgende: 4 Eßlöffel voll Aleuronat= mischung, $\frac{1}{2}$ Päckchen Backpulver, $\frac{1}{2}$ Kaffeelöffel voll Salz, 4 Saccharin=Tabletten, 2 Eier, Vanille= milch. Die Behandlung ist genau dieselbe, wie nach Rezept Nr. 3, nur schlägt man bei diesen feineren Bäckereien von den 2 zu verwendenden Eiern von dem Eiweiß Schnee und mengt ihn schließlich unter den Teig. Will man dieses Gebäck, sowie nachstehendes Nr. 6 noch feiner verfertigen, so gibt man unter die Masse 2—3 Eßlöffel voll zerlassener Butter, die man mit den 2 Eigelb schaumig rührt.

6. Nuß= oder Mandellaibchen.

4 Eßlöffel voll Aleuronatmischung, ¹/₂ Thee=
löffel voll Salz, 4 Saccharin=Tabletten, 3 Eier,
Milch und entweder 25 fein gewiegte Wallnußkerne
oder 50 ebensolche von italienischen Haselnüssen oder
aber 50—60 abgezogene, geriebene süße Mandeln;
¹/₁₀ ₰ Butter. Butter und Eier rührt man schaumig,
gibt dann die Mischung von Mehl, ¹/₂ Päckchen
Backpulver und Salz dazu, ebenso die betreffenden
Fruchtkerne und schließlich, nach langem Rühren der
Masse soviel kalte Milch, daß erstere dickflüssig ist und
den Schnee der 3 Eier. Die Saccharin=Tabletten
müssen in der Milch aufgelöst werden.

Behandlung wie oben.

7. Topfenkücheln.

12 Eßlöffel voll Aleuronatmischung stellt man
in einer nicht zu großen Schüssel auf einen Topf mit
warmem Wasser und rührt in der Mitte des Mehles
von 3 Eßlöffel voll Preßhefe und 1 Weinglas voll
lauwarmer Milch einen weichen Teig an, den man
aufgehen läßt. Alsdann streut man auf das Mehl
rings herum 1 Eßlöffel voll Salz, da auf die Hefe
dasselbe nicht gegeben werden darf, schlägt 2 ganze
Eier daran, mischt 8 Eßlöffel voll fein geriebenen
Topfen (Quark, weißen Käse) sowie 1 Theelöffel voll
Kümmel darunter und klopft mit ¹/₄ Ltr. lauwarmer
Milch einen feinen Hefeteig ab, den man in der Nähe

des warmen Ofens 1—1¹/₂ Stunden gehen läßt.
Man formt dann auf einem, mit Aleuronatmischung
bestaubten Brett, kleine runde oder längliche Kuchen
(Kücheln) und backt sie im heißen Schmalze schön gold
gelb, nehme sie jedoch nicht zu früh heraus, da sie
sonst innen nicht ausgebacken sind.

Auf einfache Art kann man die Topfenkücheln
nach Rezept Nr. 3 fertigen und zwar mit folgenden
Ingredienzen:

4 Eßlöffel voll Aleuronatmischung, ¹/₂ Theelöffel
voll Salz, ebensoviel Kümmel, 2 Eßlöffel voll zer=
lassener Butter, 2 Eier, 4 Eßlöffel voll fein zer=
riebenen Quark und ¹/₂ Päckchen Dr. Oetkers Back=
pulver.

8. Omelette.

2 Eßlöffel voll Aleuronatmischung, ¹/₂ Päckchen
Backpulver, 1 Messerspitze voll Salz, werden mit
einander gut vermengt und mit 1 Ei und der nötigen
kalten Milch zu einem flüssigen Teig abgerührt. In
der Omelettenpfanne macht man 3 Eßlöffel voll
Butter heiß, gießt die Masse so gleichmäßig hinein,
daß der Boden der Pfanne damit bedeckt ist und
backt die Omelette auf beiden Seiten goldgelb.

9. Kräuteromelette.

Wird nach Rezept Nr. 8 bereitet, unter Zugabe
von 2 Eßlöffel voll fein gewiegter, frischer oder ge=
trockneter Kerbelkräuter (siehe Dörrgemüse).

10. Käseomelette.

Nach Rezept Nr. 8 unter Beigabe von 2 Eß=
löffel voll fein geriebenen Schweizer= oder Parme=
sankäses.

11. Käsekuchen.

Auf einem Brette verarbeitet man 6 Eßlöffel
voll Aleuronatmischung, 1 Ei, 1 Päckchen Backpulver,
1 Prise Salz, 30 gr Butter mit etwas kalter Milch
zu einem feinen Teig und läßt ihn zugedeckt $\frac{1}{2}$
Stunde ruhen.

Während dieser Zeit rührt man in einer
Schüssel ungefähr 20—25 Eßlöffel voll fein zer=
riebenen Topfen (Quark), 8 aufgelöste Saccharin=
Tabletten, 3 Eidotter, den Schnee von 3 Eiern und
2 Eßlöffel voll saurer Sahne zu einer feinen, dick=
flüssigen Masse. Der Teig wird nun ausgewalkt,
das mit Mehl bestaubte Kuchenblech damit belegt,
die abgerührte Masse recht gleichmäßig darauf ge=
strichen und mit halben, abgeschälten Haselnüssen und
Wallnußkernen ringsum verziert, die Mitte dagegen
mit fein geschnittenen Mandeln besät. Der Kuchen
wird im Rohre langsam gebacken.

12. Weinmelone.

8 Eßlöffel voll Aleuronatmischung vermengt
man mit 1 Päckchen Backpulver und 6 aufge=
lösten Saccharin=Tabletten. In einer Schüssel rührt
man 6 Eidotter schaumig, gibt nach und nach

obige Mischung bei, sowie 25 abgezogene, fein ge=
wiegte Mandeln und den Schnee von 6 Eiweiß,
füllt eine mit Butter gut bestrichene Melonenform
reichlich zur Hälfte voll und backt die Speise bei
mäßig geheiztem Rohre gar. Wenn sie auf eine
tiefe Platte gestürzt ist, wird sie ziemlich dicht mit
länglich geschnittenen Mandeln gespickt und löffelweis
mit siedendem Moselwein so lange begossen, bis die
Melone nicht nur vollgesaugt ist, sondern ringsum
auch noch etwas Weinsauce steht; es ist hierzu un=
gefähr $\frac{1}{2}$ Liter Wein nötig. Beim Kochen desselben
gibt man $\frac{1}{2}$ Stange Vanille, ein paar Citronen=
schalen und 6 Saccharin=Tabletten.

13. Orangenschnitten.

Nach Nr. 8 wird Omelettenteig angerührt, der
jedoch sehr dick bleiben muß. Die Orangen werden
von allen Häutchen gereinigt, in Schnitten geteilt
und die Kerne mit einem Federmesser vorsichtig entfernt.
Man legt die Schnitten einige Stunden vor dem Backen
in etwas Weißwein mit ein wenig Vanille und Sac=
charin nach Geschmack, dreht sie in dem Teig um
und backt sie in heißem Schmalz, welches 4 Finger
hoch in der Pfanne stehen muß, schön goldgelb.

14. Weißbrotpudding.

6 Aleuronatweißbrötchen nach Rezept Nr. 3,
werden abgerindet, aufgeschnitten und über Nacht in
Milch und etwas Vanille geweicht. Den andern

Tag rührt man 4 Eidotter schaumig, gibt das gut ausgedrückte Weißbrot darunter, nebst ¹/₂ Päckchen Backpulver und 3—4 Saccharin-Tabletten, rührt ¹/₄ Stunde lang und mengt noch einige fein geschnittene Mandeln, sowie den Schnee von 4 Eiweiß darunter. Diese Masse füllt man in eine mit Butter gut bestrichene Form, schließt sie fest, stellt sie in einem Topf mit heißem Wasser, das bis zum Deckel der Form reichen muß, auf offenes Feuer und läßt den Pudding darin 1 Stunde lang kochen.

¹/₄ Stunde vor dem Anrichten rührt man 1 Eßlöffel voll Aleuronatmischung und ein Eidotter mit ¹/₂ Liter kalter Milch glatt und fügt 4 aufgelöste Saccharin-Tabletten, sowie ¹/₂ Stange klein geschnittene Vanille hinzu, läßt es auf dem Feuer unter beständigem Rühren dick werden und übergießt damit durch ein Sieb den gestürzten Pudding.

15. Zwieback.

3 Eier werden mit einem Stückchen Vanille und Citronenschalen, die man später herausnimmt, ¹/₄ Stunde lang gerührt, dann gibt man nach und nach 6 Eßlöffel voll Aleuronatmischung, ¹/₂ Päckchen Backpulver und 4 aufgelöste Saccharin-Tabletten dazu, rührt diese Masse ¹/₂ Stunde lang ab, mengt den Schnee von 3 Eiweiß darunter, gibt den Teig in eine längliche, unten abgerundete, sogenannte Butterbrotform, die gut mit Butter bestrichen wurde und

bäckt die Masse bei mäßiger Hitze bis sie sich gut
stürzen läßt. Erst nach 1—2 Tagen schneidet man
mit einem scharfen Messer feine Scheiben und bäht
sie auf einem Kuchenblech auf warmer Ofenplatte, bis
sie hart sind.

16. Plätzchen.

Auf einem Brett mischt man 6 Eßlöffel voll
Aleuronatmischung mit ½ Päckchen Backpulver und
4 aufgelösten Saccharin=Tabletten, gibt zwei ganze
Eier, 2 Eßlöffel voll feingewiegter Mandeln oder
Nüsse darunter, feuchtet die Masse mit ½ Wein=
glas voll Orangensaft an, arbeitet ⅕ ℔ frische Butter
mit dem Ganzen zu einem mürben Teig, walkt ihn
gut messerrückendick aus, sticht mit Blechformen oder
einem kleinen Glas Plätzchen aus und bäckt sie auf
einem mit Aleuronatmischung bestaubten Blech schön
hellbraun.

17. Vanille=Waffeln.

In ¼ Liter Milch kocht man 2 Stangen zer=
kleinerte Vanille und stellt erstere für den nächsten
Tag, gut zugedeckt, zum Gebrauche kalt. 6 Eß=
löffel voll Aleuronatmischung, ½ Päckchen Back=
pulver, 4 aufgelöste Saccharin=Tabletten und 1
Messerspitze Salz werden mit 3 Eidotter gut ver=
mengt, mit der durchgeseihten Vanillemilch zu einem
dickflüssigen Teig gerührt, der Schnee der 3 Eier

darunter gemischt und im gut mit Butter bestrichenen,
erhitzten Waffeleisen gebacken. · Das gute Gelingen
der Waffeln hängt sowohl von der Feuerung als
von der Handhabe des Eisens ab. Es darf nur
mäßiges Kohlenfeuer unterhalten werden; das Eisen
kommt auf offenes Feuer und zwar schon mehrere
Minuten vor dem Eingießen des Teiges. Es wird
gut erhitzt und mittels eines Pinsels in allen Teilen,
auch im Deckel mit Butter reichlich gestrichen; erst
wenn diese heiß geworden, gibt man so viel von dem
Teig hinein, daß derselbe nach dem Schließen des
Eisens nicht an den ·Rändern hervorquillt. Man
wendet alle 1—2 Minuten das Eisen und sieht nach
ungefähr 5 Minuten nach, ob die Waffeln Farbe
bekommen, wobei man die Zeitdauer des Backens,
sowie den Grad der Feuerung noch bestimmen kann.
Es darf nicht entmutigen, wenn die erste Partie
nicht ganz gelungen ist, da die Waffeln immer
schöner werden, je mehr man backt und das Eisen in
Benützung ist.

18. Ragout-Waffeln.

Ingredienzen: 6 Eßlöffel voll Aleuronatmischung, ½ Päckchen Backpulver, ½ Theelöffel voll
Salz, 3 Eidotter, ¼ Liter Milch, Schnee von 3
Eiern. Behandlung nach Rezept Nr. 17. Diese
eignen sich als Beilage zu Saucen ec.

19. Holländer-Waffeln.

Jugredienzen: 200 gr Aleuronatmischung, ¹/₂ Päckchen Backpulver, 4 aufgelöste Saccharin-Tabletten, 80 gr Butter, 3 ganze Eier, ¹/₄ Liter Vanillemilch. Das gleiche Verfahren wie nach Nr. 17.

20. Pfeffernüsse.

200 gr Aleuronatmischung, 4 aufgelöste Saccharin-Tabletten, ¹/₂ Theelöffel voll Zimmt, ¹/₂ gr Nelken und 1 Päckchen Backpulver werden gut vermischt, mit 4 ganzen Eiern abgearbeitet und ¹/₂ Stunde lang unter einer Schüssel kalt gestellt. Man gibt dann den Teig in kleinen Häufchen, oder ausgedrückten Formen auf ein gewachstes Blech und backt die Pfeffernüsse im Rohre schön hellbraun.

21. Marzipan.

6 ganze Eier rührt man mit 6 aufgelösten Saccharin-Tabletten 1 Stunde lang ab, mischt nach und nach 400 gr Aleuronatmischung und 1 Päckchen Backpulver darunter, preßt den Saft einer ganzen Citrone dazu, nebst der zu Staub gewiegten gelben Schale, arbeitet diese Masse auf einem Brett fein ab und läßt sie zugedeckt 1 Stunde lang ruhen. Nun walkt man sie nicht zu dünn aus, drückt die Marzipan-formen fest darin ab, legt sie auf ein mit einem Tuch belegtes Brett, stellt es zum trocknen an einen warmen Ort und backt sie den nächsten Morgen in

mäßig heißem Rohre hellgelb. Von Aleuronatmischung kann man selbstverständlich nie weiße Marzipane erzielen.

22. Mürbe Theebretzen.

500 gr Aleuronatmischung, 1 Packet Backpulver, 4 aufgelöste Saccharin=Tabletten, 1 Theelöffel voll Salz, werden gut vermengt und mit ¹/₂ 𝔩 Butter, 4 Eiern und ¹/₂ Liter süßer Sahne zu einem feinen Teig abgearbeitet. Man formt kleine Bretzeln daraus, streicht sie mit Eigelb und backt sie auf einem mit Mehl bestaubten Blech.

23. Chokoladesülze.

In ¹/₄ Liter Milch rührt man 2 Eßlöffel voll mehl= und zuckerfreien Kakao (Dr. Hundhausen's Aleuronat=Kakao oder Dr. Lahmann's Nährsalz=Kakao) fein ab, läßt 6 weiße Gelatineblätter und 10 Saccharin=Tabletten darin aufkochen, nimmt die Flüssigkeit vom Feuer, quirlt sie über 2 ganze Eier, und seiht sie durch ein Haarsieb in eine Glasform.

Gefrorenes.

1. Vanille-Eis.

In ½ Liter guter Milch oder Sahne löst man 15 Saccharintabletten auf, oder man gibt 22 Tropfen leicht lösliches Saccharin aus der Tropfenflasche dazu (siehe Bemerkungen über Saccharin), schneidet 1 Stange Vanille in Stückchen hinein, quirlt in der Pfanne, in der man die Masse kochen will, 4 Eidotter damit ab, setzt sie über Feuer, gibt 30 gr frische Butter und den Eierschnee dazu und läßt die Masse unter beständigem Quirlen im richtigen Maaße dick werden, was einiger Uebung bedarf. Besonders zu beobachten ist, daß die Crème nicht zu stark kocht, sonst bekommt das Gefrorene zu ausgeprägten Milchgeschmack. Wenn die Masse erkaltet ist, füllt man sie in die Form, stellt sie auf klein geschlagenes, gesalzenes Eis und rührt während des ersten Stadiums des Gefrierens mit einer Spachtel öfters um, was ein gleichmäßigeres Eis erzielt.

2. Kakao-Eis.

Ingredienzen: ½ Liter Milch, 15 Tabletten oder 22 Tropfen Saccharin, 15 gr Butter, 3 Kaffeelöffel voll Dr. Hundhausens Aleuronat-Kakao oder Dr. Lahmann's Nährsalz-Kakao, der erst während des Kochens eingerührt wird. Außerdem gilt das Verfahren nach Nr. 1.

3. Erdbeer-Eis.

1 Liter frischer Erdbeeren treibt man durch ein
Sieb, gibt 20 Tropfen aufgelöstes Saccharin dar-
unter (siehe Bemerkungen), verrührt alles mit $^1/_4$ Liter
Wasser, füllt die Form und stellt sie auf Eis.

4. Citronen-Eis.

Den Saft von 10 Citronen preßt man durch
ein Sieb über 40 Saccharin-Tabletten, gibt $^1/_8$ Liter
Wasser und $^1/_2$ Stange zerkleinerte Vanille dazu,
läßt dies mit den großgeschnittenen Schalen von drei
Citronen aufkochen, seiht die Masse ab, füllt sie,
wenn erkaltet, in die Form und stellt sie auf Eis.

5. Orangen-Eis

wird mit 10 Orangen nach Rezept Nr. 4 bereitet.

Erlaubte Getränke.

Wasser,	Kaffee,
Sodawasser,	Rahm,
Limonade,	Kakao,
Thee,	Bordeaux,

Moselwein,

Oesterreichische Tischweine,

Ungarische Tischweine.

Champagner:

Laurent Perrier's Sans-sucre,

Diabetiker-Sekt von J. A. Kohlstadt, empfohlen von
Prof. v. Noorden.

1. Limonade.

Der reine Saft $\frac{1}{2}$ Orange, $\frac{1}{2}$ Citrone und 4 Saccharintabletten kommen in ein Glas und werden mit $\frac{1}{2}$ Liter frischen Wassers übergossen. Man kann auch die Orange weglassen und die Citrone allein nehmen.

2. Thee.

Es wird nur gut= Sorte mit siedendem Wasser angebrüht; auf eine Tasse Thee nimmt man 2 Saccharin=Tabletten und recht gute Sahne.

3. Kaffee.

Dieser wird am zuträglichsten von einer Mischung besten Kaffee's und afrikanischer Nußbohnen — zu gleichen Teilen — gemacht. Recht nahrhaft und wohlschmeckend wird dieses Getränk, wenn man den gemahlenen Bohnen 1 Eidotter hinzufügt und mit heißem Wasser überbrüht. Auch Kaffee wird mit Saccharin gesüßt.

4. Rahm.

Siehe Bemerkung II. Aufl.

5. Kakao.

Hierzu eignen sich für Zuckerkranke und Fettleibige nur zwei Sorten, welche als vollkommen mehl- und zuckerfrei anerkannt werden: Dr. Lahmann's Nährsalzkakao und Dr. Hundhausen's Aleuronatkakao. Von beiden Sorten rührt man ein Kaffeelöffel voll

mit ¼ Liter kalter Milch glatt, fügt 3 Saccharin=
Tabletten bei und läßt den Kakao aufkochen.

6. Glühwein.

In ½ Flasche Bordeaux gibt man 6 Saccharin=
Tabletten, je ½ fingerlange Stücken Vanille und
Zimmt, 1 Nelke und ein paar Orangen= oder Citro=
nenschalen; nach kurzem Aufkochen seiht man den
Wein durch ein Theesieb in Gläser.

7. Eierpunsch.

In 1 Ltr. Rahm siedet man 1 Stange zer=
kleinerter Vanille, die Schalen je ¼ Citrone und
Orange und löst 8 Saccharintabletten darin auf. In
einer Bowle verrührt man 5 Eidotter und quirlt die
durchgeseihte Milch so lange damit, bis der Schaum
2 Finger hoch über der Flüssigkeit steht.

8. Rotweinpunsch.

Nachstehende Ingredienzen werden mitsammen
gemischt und aufgekocht: ½ Flasche Bordeaux oder
½ Ltr. Weißwein, 9 Saccharin=Tabletten, ¾ Ltr.
leichter Thee, der Saft 1 Orange und 1 Citrone,
sowie 2 Eßlöffel voll Arak oder Cognac, jedoch nur
in leichten Fällen von Diabetes und nach Einholung
des ärztlichen Rates.

9. Erdbeer=Bowle.

Man gibt in eine Bowle nachstehende Ingre=
dienzen und läßt sie zugedeckt 2 Stunden auf Eis